立德树人视域下高校人文素质教育研究

马利强 著

北京工业大学出版社

图书在版编目（CIP）数据

立德树人视域下高校人文素质教育研究 / 马利强著
. — 北京：北京工业大学出版社，2024.1重印
ISBN 978-7-5639-7113-8

Ⅰ．①立… Ⅱ．①马… Ⅲ．①高等学校－人文素质教育－研究－中国 Ⅳ．① G640

中国版本图书馆CIP数据核字（2019）第 257109 号

立德树人视域下高校人文素质教育研究

著　　者：马利强
责任编辑：邓梅菡
封面设计：点墨轩阁
出版发行：北京工业大学出版社
　　　　　（北京市朝阳区平乐园 100 号　邮编：100124）
　　　　　010-67391722（传真）　bgdcbs@sina.com
经销单位：全国各地新华书店
承印单位：三河市元兴印务有限公司
开　　本：710 毫米 ×1000 毫米　1/16
印　　张：7.75
字　　数：155 千字
版　　次：2021 年 10 月第 1 版
印　　次：2024 年 1 月第 3 次印刷
标准书号：ISBN 978-7-5639-7113-8
定　　价：52.00 元

版权所有　翻印必究

（如发现印装质量问题，请寄本社发行部调换 010-67391106）

目 录

第一章 立德树人的基本理论概述 ·········· 1
    第一节 立德树人的内涵及内容 ·········· 1
    第二节 立德树人在高校教育中的功能 ·········· 4

第二章 素质教育管理中的教育督导 ·········· 7
    第一节 教育督导概述 ·········· 7
    第二节 高校素质教育管理中教育督导制度的建立与发展 ·········· 16

第三章 高校大学生素质教育探索 ·········· 23
    第一节 素质教育的理论基础 ·········· 23
    第二节 高校大学生素质教育的内容 ·········· 24
    第三节 高校大学生素质以及素质教育的内涵与特征 ·········· 28
    第四节 高校大学生素质教育的现状及问题 ·········· 30
    第五节 实施素质教育的有效措施 ·········· 32
    第六节 大学生素质教育的重要意义 ·········· 33

第四章 素质教育与大学生创新能力的培养 ·········· 37
    第一节 对素质、素质教育及创新能力的理解 ·········· 37
    第二节 独立学院大学生素质教育与创新能力培养的思考 ·········· 53
    第三节 素质教育在大学生创新能力培养中的重要作用 ·········· 57
    第四节 几种不同类别的素质教育及其对大学生创新能力培养的影响 ·········· 61

第五章　大学生素质教育与创新能力培养的探索与实践 …… 79

第一节　我国大学生素质创新教育存在的问题 …… 79
第二节　素质教育中加强创新能力培养的思路 …… 80
第三节　大学生素质教育与创新能力培养有效结合的模式 …… 82
第四节　高校大学生素质教育与创新能力培养的关系 …… 86

第六章　校园制度文化建设 …… 91

第一节　校园制度文化概论 …… 91
第二节　校园制度文化建设及其指导思想 …… 96
第三节　校园文化的传播途径 …… 101

第七章　大学生人文素质拓展渠道 …… 105

第一节　举办高校名师讲坛 …… 105
第二节　修建校园文化长廊 …… 108
第三节　规范校园文化活动 …… 110
第四节　设计人文素质拓展的目标 …… 114
第五节　建立科学的考评机制 …… 117

参考文献 …… 121

第一章 立德树人的基本理论概述

第一节 立德树人的内涵及内容

一、立德树人的内涵

《左传》有言:"太上有立德,其次有立功,其次有立言,虽久不废,此之谓不朽。"虽然寥寥数语,却言简意赅地道出了提升道德修养、建功立业与著书立说三者在一个人的个人修为中所属的层次。如果把一个人的个人修为比作一座金字塔,那立德(提高道德修养)即以高屋建瓴之势稳立塔尖。孔夫子曾有云:"己欲立而立人,己欲达而达人。"此处所讲的"立",除了"立功"之意外,更多的则体现出古人对"立德"的重视。中华文化,源远流长。回顾历史,咀嚼经典,我们不难发现古之贤人对于"立德"的不懈追求。个人的德行修养,也成为个人晋升的一个考核指标。如古代的举荐制度中就有提到"察孝廉"。个人觉得,东方文化与西方文化的一个显著差异在于:西方人崇尚契约精神,因为就连柏拉图也承认,理性并不能完全控制欲望,所以需要借助契约的规束,即他律;然而在东方文化(尤其是中国)的背景中,控制一个人的欲望的最好途径就是以德驭性,即自律。翻阅承载中国传统文化精髓的书籍,其中不乏对"德"的重要性的阐述。如"天行健,君子以自强不息;地势坤,君子以厚德载物",《易经》从自然善于包容万物的角度解释了一个人(君子)立德的重要性。《论语》中关乎"德"的语录更是不胜枚举。如"德不孤,必有邻""为政以德,譬如北辰,居其所而众星拱之"等。

《管子·权修》中说:"一年之计,莫如树谷;十年之计,莫如树木;终身之计,莫如树人。一树一获者,谷也;一树十获者,木也;一树百获者,人也。"这是现在"十年树木,百年树人"这一观念的最早的理论渊源。"终身之计,莫如树人"说明了培养人才的长期性和艰巨性。树人,简单而言,即培养人才。在培养人才的过程中不仅要进行知识的传授,还要重视对受教育对象品行的塑造。所以韩愈有云："师者，所以传道授业解惑也。"就大学文化建设而言，"立德"对教育者提出了更高的要求，即教育者自身要有"德"，有"德"方为示范；"树人"则重申了教育者的使命——传道、授业、解惑。

"立德树人"同样对如今的大学生给予殷切厚望——修身养德，德才兼具。大学生要善于学习，努力把自己塑造成一个有用之才。总体上来看，"立德树人"对教育，尤其是教育者提出了更高的要求。其中，"立德"强调教育者首先要"厚德"，即要内化中华上下五千年传承下来的优良传统美德，"厚德"才能"载物"；"树人"则要求教育者将自身内化的德行修养外化于受教育者。"立德"是"树人"的前提和基础，"树人"是"立德"的使命和归宿。党的十八大报告指出，"立德树人"是教育的根本任务。这一论断，既明确了当代教育的根本使命，又进一步丰富了培养人才的深刻内涵。

二、立德树人的内容

"立德树人"，其本身承载着深厚的历史文化积淀和理论渊源。随着时代的发展，"立德树人"的内容要求也在不断深化，但是就大学文化建设而言，始终还是围绕着社会公德建设、职业道德建设以及个人品德建设几方面来展开。

（一）社会公德建设

社会公德指人们在社会生活中应该遵守的公共行为准则，是维护社会秩序、保证社会稳定、促进社会进步的最起码的道德要求。当今国家大力宣传和弘扬良好社会公德，社会公德是群众关心、各界关注、全民关爱的。但现实情况却不容乐观。老人大街上摔倒无人敢扶，轻松出手就能帮助别人但却视而不见的情况时有发生。甚至一些见义勇为者救人反被怀疑成肇事者，受尽刁难和折磨。许多人感叹世风日下，社会公德沦丧。不过令人欣慰的是，这只是少数现象，社会主流是积极向上的，大多数公民还是自觉遵守社会公德的。现在的社会公德要求全体社会成员：文明礼貌、助人为乐、爱护公物、保护环境、遵纪守法。作为文明社会的一员，每个人都应将社会公德内化于心、外化于行，自觉遵守社会公德，不做"缺德"之人。

（二）职业道德建设和学德建设

职业道德是指社会上从事某类职业的人应具有的最起码的职业操守。职业道德方面应重点加强"三立"：立官德、立师德、立学德。

首先，立官德。古语有言："其身正，不令而行；其身不正，虽令不从。"就大学文化建设而言，立官德即要求管理大学的行政人员要具备起码的政治修养、职业素养和自身修养。"立德树人"要求大学的行政管理人员具备一定的官德。官德不立，何来官威，何来民信？大学的行政管理人员在行政工作中应该做到以德服人，而不是以权压人。因为，大学本就是倡导学术自由、培养人才的殿堂。作为管理大学的行政人员，不一定非得要是学术界的精英，但是一定要具备较高的德行修养。因为从某种程度上说，他们的德行修养决定着一所大学的发展走向。俗话说，上梁不正下梁歪，这并不是空穴来风。

其次，立师德。教师是人类灵魂的工程师，担负着为社会培养人才的重任。立德树人，师德为范，立德先立师，树人先正己。教师作为实现"立德树人"目标的载体，承担着内化（立德）和外化（树人）的双重使命。就教学环节而言，教师在整个教学过程中始终扮演着榜样和示范的角色。教师的言行举止会潜移默化地影响学生。如果一个教师师德不立，那他在教学中所造成的影响就不是示范而是失范了。所以，教师必须具备一定的品德，如民族精神、人文特质、科学理性、开放胸襟、务实作风等，广大教师应恪守"学高为师，身正为范"的职业信条，守住思想底线（公民道德），看清道德红线（教师职业道德），不触摸道德高压线（社会公德），这样才能为人师表，整个国家和民族的前途和命运才会更加灿烂光明。

最后，立学德。诸葛亮在《诫子书》中说"静以修身，俭以养德……夫学须静也，才须学也，非学无以广才，非志无以成学……"，这就要求作为未来接班人的广大青年学生必须树立"学德"，即在年轻力壮时形成良好的思想品质和行为习惯。现在的社会日益富足，社会的不良诱惑也无孔不入，对广大学生的负面影响不容小觑。青年学子要自立自强、自我加压、付诸实践、努力去做，变"要我做"为"我要做"，努力做到"让家长放心不揪心，让学校省心不费心，让自己开心不烦心"，在加强各方面知识能力学习的同时，养成高尚的情操和情趣。平时要善于自省，要达到孔子所说"吾日三省吾身：为人谋而不忠乎？与朋友交而不信乎？传不习乎"的生活境界。

（三）个人品德建设

中国古代社会论修身，注重"修身、齐家、治国平天下"，个人、家、国一体。作为担当复兴中华民族重任的现代人，要树立"中国心"，大力弘扬和传承中华优秀传统文化，传承"民族魂"，正确认识国家民族的历史和未来，紧跟时代步伐，将民族精神与时代精神紧密结合，树立诚信守法、平等合作、勤奋自强的观念，提升个人品德修养，把健全人格、培养国家意识、文化认同结合起来，在内心深处构筑强大的理想信念和道德支撑，培养汇聚中华民族共同的历史、文化、生活方式的归属感与认同感的爱国情感，这样才能形成良好的道德品质和行为习惯。

第二节 立德树人在高校教育中的功能

一、立德树人为大学文化建设提供方向性保障

党的十八大报告强调要把"立德树人"作为教育的根本任务，这是对现在教育的重新审视，也是对高等教育提出的更高要求，对教育事业的发展具有重要指导意义。我们要清醒地认识到"立德树人"目标的提出，是对广大教育者的鞭策，更是对受教育者的要求，"立德"需要深深扎根于教育者和受教育者的灵魂深处，需要成为共同的要求，更需要成为他们共同的追求。大学是教育事业发展的主要阵地，"立德树人"理念必须长期和有效贯彻。国家高度重视政治、经济、社会、文化、生态文明建设"五位一体"的发展战略，文化作为其重要组成部分之一，在"五位一体"战略中具有不可动摇的地位。大学文化是社会先进文化的构成要素之一，在文化发展过程中是不可或缺的，从某种意义上说，大学文化建设的成效直接影响到社会文化的建设，因此要切实把大学文化建设融入大学建设和规划中。同时在大学文化建设推进的过程中，要站在国家战略发展的高度，把"立德树人"理念融入其体系中，更好地引导其发展。随着社会的发展和不断进步，高校教育，特别是高校教育中的大学文化建设、文化育人功能引起了社会的高度关注，社会各界也都在为高等教育进一步完善共同努力，为大学文化建设更好展开出谋划策。"怎样培养人"和"培养怎样的人"越来越成为社会和大学教育的关注点，诚然在大学文化建设过程中，要时刻反省为什么建设、建设为了什么的问题，以更清晰的思路谋求更有效的发展，正如习近平总书记所说，科学的思想方法和工作方法是我们党的制胜法宝。大学文化建设也是如此，在种种思想混乱之际，我们要更加重视"立德树人"思想的指导作用，深刻挖掘有效手段，将大学文化建设搞好、搞活、搞到位。文化建设和发展，大学建设和发展，大学文化建设和发展都具有一个共同的落脚点，那就是实现"立德"及"树人"，大学文化建设更要紧紧围绕这个主题，不能偏离。

二、立德树人引导多元大学文化发展的主流思潮

当今世界和社会已进入到一个极为开放的时代，多元文化在很大程度上得到提倡和发展。文化作为社会交流、国际接轨的重要方式，必须在此背景之下，随之而进步。大学文化作为先进文化的重要组成部分，要以更加全面、更加辩证、更加敏捷的思维和标准加以吸收，使主流文化得以弘扬，糟粕之思想得以舍弃，做到取其精华、去其糟粕，健康引导大学文化建设。多元文

化建设要求我们重视价值追求,切实把握文化的精神实质和精髓要义,"立德树人"具有深厚的历史文化内涵、鲜明的时代诉求特征,是社会变化发展的理性回归,是文化教育和发展的核心所在,是引导社会文化的精华,因此必须把"立德树人"理念与主流文化思想有机结合,使大学文化建设和社会文化建设协调发展。在实际教育过程中,要将德育理念加以贯穿,提高德育工作的有效性,也要敢于打破陈旧思想,以批判的精神对待社会生活中的各种文化,寻求更多新思想、新认识、新文化。正如张维迎所说:"北大的文化是什么?首先是'思想自由',各种理念和思想都可以受到挑战和检验,优秀的大学离不开优秀的文化,大学不仅要有思想自由,更应该追求卓越,不断地反思,所以大学的改革本身就是一个不断反思的过程。"大学是一个知识火花碰撞的地方,要有怀疑之思维、批判之精神、创新之胆魄,这样才能将更多经得起实践检验的文化纳入建设范围,更好引导大学文化建设,支持大学文化建设,体现前瞻性、传承性、时代性。多元文化的发展,作为大学持续发展中不可避免的现实问题,我们回避不了,更不能选择回避,而要以更加积极的态度坦然面对,充分发挥引导和疏导的作用,以主流的文化为基础,追求卓越文化,促进大学文化健康发展。多元文化悄然走进大学之地,无声融入大学生活,也时刻影响着"大学人"的思维方式、行为习惯、价值观等。诚然,多元文化进入校园,为大学增加了色彩,流入了新的活力,使大学生变得更有个性,但从负面的角度理解,多元文化进入校园,也日益冲击着在长期积淀中形成的思维方式、行为习惯、价值观念等。更为严重的是大多数学生由于知识的限制、接触社会不深、引导缺失等因素,不能辩证分析和吸取这些多样化的文化,而是盲目加以吸收,更有甚者会在这些多样化文化中迷失自我,最终给自身造成极大不利。所以,在这种情况之下,我们必须充分认识到"立德树人"理念在多元大学文化建设和发展中的引领之重要性,在此理念之下注重主流文化的引导与吸取,更好引导大学文化的建设。多元大学文化之背景下,必须在"立德树人"理念引导下,引领大学生树立正确的世界观、价值观、人生观。

三、立德树人为大学文化建设提供精神动力支持

"立德树人"是大学文化建设的重要任务,其主要实践途径是树立德业垂范,以教化后人,以使个人在精神世界和现实社会中得以立足并发展。归根到底是价值观念的灌输与继承,价值与观念是意识的范畴,马克思认为意识通过实践活动获得,是实践活动的反映,意识又具有能动作用,能够作用于实践活动,进而指导实践。由此可知,意识活动的价值观、正确性直接关

系着实践活动的价值导向。所以,"立德树人"与大学文化建设互为因果,相辅相成,"立德树人"以其强烈的道德准则观念与人文理念深刻地影响着大学文化的建设工作,犹如一个强烈的道德观念深深植入一个人的大脑之中,这个人的行为方式和方法将深刻地受此种道德观念的影响甚至支配,一旦某种观念内化于人的内心并通过他的行为方式外化为实践活动,这个观念的存在将无时无刻不管理着人的行为,作为文化的载体,围绕这个人的文化此时就开始形成了。大学文化的建设也是如此,假设把大学拟化为具有人格的文化载体,大学所倡导的价值、理念、观点以及与之相关的校训、校歌、校徽等就是意识活动的能动效用,它通过灌输、传递、内化,使具有人格特质的大学也具有了这些价值、理念、观点所要传达的内涵,大学的性格就这么养成了,此时置身于其中的"大学人"不可避免地要受这所大学的性格的影响,大学范围内的文化氛围就此形成,这既是一个积累养成的过程,又是一个创造建设的过程。但是,文化建设的最终落脚点是人,以人为本才是文化建设的首要任务,大学的性格也是"大学人"的性格,优秀性格的大学必定培养出优秀的人才,此时的大学文化就是整个校园的精神支柱和动力源泉,从根本上讲,是精神文化支撑了校园文化的建设和发展,这是一个绝佳的意识支配活动的典型案例,精神文化弥补了物质文化的先天不足,矫正了被物质世界过度扭曲的意识世界,保留了人在经济社会发展潮流中自我支配的能力。因此,大学文化建设需要精神意识先行,首先要让大学具有正确的价值取向并能保留自我思考的自由支配实践活动的能力和特质,如校训的价值取向、教育理念、标志象征等的创设和秉承;其次才是教书育人的本职工作,其工作内容无非是大学价值取向、教育理念等的传达和输出,教授文化知识同样也体现了这样的功能,整个过程就是一个立德立人的过程,大学文化建设的终极目标是立人,且是立有德之人,德立则人立,人在实践活动中创造了"德业",古代先贤立志为生民立命,大学文化建设更应该立志为往圣继绝学,把"立德树人"的理念注入文化建设中去,为大学文化建设持续提供精神动力支持,在创新发展大学文化过程中要坚持"立德树人",培育具有德业精神的真正的人。

第二章 素质教育管理中的教育督导

第一节 教育督导概述

一、教育督导的基本内容

（一）教育督导的概念

根据1991年国家教委所颁发的《教育督导暂行规定》第一章第二条的规定，所谓教育督导就是教育督导有关部门根据教育科学的有关理论和国家制定的教育方面的法规、方针政策等，运用科学合理的方法与手段，对实践教育活动进行有目的的监督、检查、指导反馈和协调等，以促进教育实践活动的效率和提高教育品质的必不可少的过程，也是保证教育目标实现的必要条件。

首先，行政监督和管理就是教育督导职能的核心方面；其次，教育督导是政府对教育实行监督和管理的有效机制和保障措施；最后，教育督导也是现代教育管理体系中极其重要和不可或缺的组成要素。

（二）教育督导的含义

教育督导的特定含义是指，县级以上各级政府授权给所属教育督导部门及其本级政府的代表人员和教育行政部门行使教育督导的职责。一方面要依据国家的相关教育法律法规和方针政策对下级政府的教育工作和下级教育行政部门的工作及学校进行工作上的监督、检查、评估、指导，并按照原则和规范，以科学合理的管理方法进行督导；另一方面则要向本级及其上级政府和教育行政等部门进行教育工作情况的汇报和提出建议等，进而为政府的教育决策提出切实可行的理论依据和管理方法。

（三）教育督导的职能

作为政府的一个职能部门，教育督导机构的主要职能包括：监督、评估、指导、反馈和协调等。下面分条加以详细解释。

1. 监督职能

一般而言，监督是指上级对下级的监察和督察。监督职能是教育督导机构最核心的职能。教育督导的监督职能是其通过对政府及有关部门履行教育管理职责，对学校和其他教育机构所组织的教育活动进行检查、审核、评议、督促等，并保障教育管理目标的实现。教育督导本身即是一种行政监督行为，它以国家行政权力监督为基础，通过督促教育法律、法规和有关政策的执行，从而保障教育活动的质量和效益，同时实现预定的教育管理目标。可见，教育监督的主要内容是国家有关教育法律法规所赋予教育行政部门应该实施的教育方针、政策以及各级各类学校或机构对教育事务执行的情况。

2. 评估职能

所谓评估职能即为有关教育各方面的评估，也称教育评价。教育评估是21世纪初发展起来的一门新兴教育科学。同时它也是当代教育科学研究者所关注的三大热门领域之一。首先，教育评估是指依据一定的教育目标，利用科学的教育统计方法和教育测量手段，对教学进行价值评判的过程，以此来衡量教育督导对象完成目标的程度。其次，从现代教育行政管理的观点及其发展趋势来看，教育部门积极开展教育评价，对于提高教育管理的质量、贯彻教育的方针政策和推动教育事业的进一步发展有着不可替代的作用。最后，高效合理的教育评估对于端正教育思想及促进教改和加强科学管理、实现教育整体优化及进一步提高教育质量和办学效益，并充分调动广大教育管理者和广大教师的积极性、主动性和能动性。为了教育事业的良性发展，这三个方面都是教育行政部门以及其他教育机构需要特别注意的。

3. 指导职能

教育督导机构不仅要对下级部门进行监督和评估，还要对下级教育机构在工作的内容和程序以及工作方法上，做出具体的引导。教育督导的指导职能是指，通过教育督导机构，对督导对象在执行教育法律法规和有关教育政策的过程中给予咨询、帮助和引导，以达到教育管理的功效。从督导工作的过程看，指导是一个重要的环节，成功的指导是基于事实和在事实调查得出结论的基础上做出评价，并以督导人员与被督导人之间的相互信任为条件的。

4. 反馈职能

反馈一词源自控制论，后来被用到了教育学中，并发展为一个核心概念。在教育学中，反馈指的是在教育系统中，教育行政机构在其发出信息之后被控对象所产生的相应活动的反应；同时再把这种反应作为其政策或方针的影响的信息加以收集，并对教育系统的信息再输出所产生因应结果的过程。可见，教育督导具有相应的反馈功能，也就是说，通过下级教育部门及教育人员的意见和建议的反馈,教育督导机构的人员可知悉上级对下级关于各项方针、政策、指令、任务的执行情况,因此上级下发的各项方针政策及其自身内部存在问题的有效反馈就是按照这一程序进行的。可见反馈是对决策的进一步检查,一方面它反馈的内容包括方针政策、指令及任务等,方针政策是否有误及其在执行的过程中是否有效的主要依据就是反馈所得出的信息;另一方面它反馈的内容还包括督导部门及其从事督导的人员在信息反馈的基础上按照一定程序所进行的有效的信息分析。这两个方面都是教育行政机构、学校的相关领导从事管理以及从事教学的教师进行教学的重要依据。

5. 协调功能

教育督导组织并非行政组织,同样,也不能说教育督导工作者就是行政人员。他们的属性与职能介于教育者、受教育者和教育管理者之间,他们在这三者之间起着重要的沟通作用。首先,教育督导工作者是教师与学生的联系人,他们是双方的客观的沟通者。其次,教育督导工作者也是学校领导与教师之间的中介者。在教育督导工作者的努力下,学校领导者和教师之间能够加深相互的认识与了解。再次,教育督导工作者也是学校领导和教育行政部门领导之间的桥梁,通过督导的信息传递,他们可以增进彼此的了解。最后,教育督导工作者是社会与教育部门沟通的桥梁,他们能使教育部门与社会有关部门之间取得更加紧密的联系与沟通。

(四)教育督导的凭据

教育督导的主要凭据为教育的科学理论、教育法律法规和教育方针政策。其主要依据为:《中华人民共和国教育法》《中华人民共和国义务教育法》《中华人民共和国教师法》《中华人民共和国未成年人保护法》《中国教育改革和发展纲要》《教育督导暂行规定》《普通中小学校督导评估工作指导纲要》《小学管理规程》《学校体育工作条例》《学校卫生工作条例》《中共中央国务院关于深化教育改革全面推进素质教育的决定》《素质教育十条基本要求》《关于认真实施全日制中小学课程(教学)计划的意见》。其可从以下三个方面加以划分。

1. 科学的教育理论是施行教育督导的基础

理论源自经验,但它高于经验,它是对经验的总结、抽象与升华。经验具有局限性、个别性、时效性等特点,而理论具有普遍性、系统性、解释性、指导性和预测性的特点。这些都是判断一个理论是否科学与合理的根本标准。在长期的实践和研究中,人类已汇集了大量有关教育的经验与教训,并就此总结和概括出了繁不胜数的理论与方法。这些抽象升华出来的知识是教育工作者具体从事教育工作的凭据,也是人们对教育问题进行再认识和反省的理论前提和基础。可以说,教育督导工作囊括了教育的所有方面,如果教育督导部门自身没有充分的科学理论知识为指导,那么这种督导不仅对教育发展起不到任何积极的作用,还可能给教育体系带来消极的影响和后果。

2. 教育督导必须符合教育政策的要求

所谓教育督导,就是国家对教育工作各方面事项进行监督与核查。依法办事是教育督导组织及教育督导人员在开展相应工作时必须遵守的基本准则。教育督导本身即是执法监督,对执行督导的教育督导人员来说,他们势必要以教育科学理论武装自己,然后依据国家的教育法律法规、方针政策展开相关的督导,如此才能确保教育督导工作以科学合理的方式展开,同时还有法律给予他们的背书,也就是说教育督导必须将科学和法律有效地结合起来才能进行下去。

3. 教育督导的实施要以教育政策为根据

就一个国家来说,其教育督导实施的依据之一是教育政策。而教育政策是指一定时期、一定区域内,在该国法律允许的范围内,以及在教育理论的指导下,依当地具体情况而展开的教育实践与教育行为而施行的有关规定或措施。而教育督导则是以这一时期和区域内的教育主导政策为实施导向,要以实现该教育政策所指向的重点内容和要求为督学目标,并为此建立相对应的督导长效机制。

(五)强化教育督导的政策体系

在实施教育督导制度的几十年历史中,我国颁布并实施了一系列有关教育督导的标志性政策文件。这些文件是我国当前教育督导政策体系的核心内容。在建立健全我国教育督导制度的过程中,邓小平同志有关教育的思想起到了巨大的作用,他的思想是我国教育督导政策体系构建的坚实理论基础。

第一,1977年,我国的教育事业开始走上正轨。在一次关于"教育战线的拨乱反正问题"的演讲中,邓小平同志提出了要建立健全国家教育督导机构和制度的想法,不久国家就按此设想开始重建教育督导制度。对我国教育督导制度建立具有指标性意义的是1986年颁布的《中华人民共和国义务教育法》(以下简称《义务教育法》),该法被颁布之后,我国的教育督导人员就能够做到有法可依、有据可凭,我国的教育督导制度也逐渐建立了起来。1986年国务院颁发的《关于实施义务教育法若干问题的意见》对督学进行了这样的阐述,"国家和地方应逐步建立健全基础教育的督学部门,对我国和部分地区范围内义务教育实行全面的监察、督学和引导"。这是对前面《义务教育法》中有关督导的解释，也是继我国在停止多年的教育督导活动以后，第一次在国家级的政策文件中明确而正式地提出了教育督导的相关制度。稍后，国务院设立了督导司，这就从教育体制上确立了教育督导政策，体制的建立健全是制度得以实施的重要保证。

第二，《教育督导暂行规定》的构建为我国教育督导体系的建立奠定了基石。自1991年，国家教委颁布《教育督导暂行规定》（以下简称《暂行规定》）以来，我国的教育质量得到了显著的提升。《暂行规定》发布后，国家有关的教育行政部又颁发了《关于加强教育督导队伍的几点意见》，以后还颁布了《关于加强教育督导与评估工作的意见》等一系列文件。这些政策性文件不仅规定了教育督导工作的基本特性、功能和目标等基本内容，而且也确定了在实施教育督导工作时"督学督政相结合"的基本方法。

第三，《中华人民共和国教育法》（以下简称《教育法》）为教育督导政策的建立确立了法律凭据和法律基础。《教育法》于1995年颁布，该法规定，"国家实行教育督导制度，学校及其他教育机构则实行教育评估制度"，从而明确了教育督导制度和评估制度的法律效力，更进一步促进了教育督导政策制度的健全。在国家有关的政策办法和法规实施的过程中，相关的政策办法构成了教育督导政策系统的主要内容。国务院《关于实施〈义务教育法〉若干问题的意见》中规定，要从各方面强化教育督导体制，特别是建立健全基础教育的督导体系，在国家有关的教育法规、政策的具体实施过程中，国家和地方教育行政部门也越来越侧重于教育督导。《职业教育法》《中共中央国务院关于加快教育改革全面推进素质教育的决定》《民办教育促进法》以及教育部《关于进一步推进义务教育均衡发展的若干意见》等都对教育督导提出了细致而明确的要求，这些文献都是我国教育督导政策体系中的至关重要的构成要素。2006年，在新修订的《义务教育法》中，第八条明确规定："人民政府教育督导机构对义务教育工作执行法律法规情况、教育教学质量以及义务教育均衡发展状况等进行督导，督导报告向社会公布。"可见，修订后的《义务教育法》对义务教育阶段的诸多督导内容都做出了明确规定，比如督导部门、督导的内容、督导报告等无一例外地被该法加以阐释。通过此法，教育督导的权威和功能都变得明晰而确定，其对我国教育督导制度的建立健全和教育督导政策体系的完善起到了不可替代的作用。2012年8月29日，国务院第215次常务会议通过了《教育督导条例》（以下简称《条例》），该《条例》于2012年10月1日起施行。这标志着教育督导走上法制化的轨道，而且该《条例》的实施也必定会对教育发展方式和教育管理模式产生巨大的促进作用。

第四，地方教育督导政策是我国教育督导政策体系中至关重要的组成部分。地方教育督导法律法规和政策，是我国教育督导政策体系的重要组成部分，也是完善我国教育督导体系的必要历程。《暂行规定》出台后，各地也结合本地实际相继制定并颁布了相关的政策性文件，并加以实施。其中上海、广州等地区，首先通过立法的形式颁布了《教育督导管理条例》。毫无疑问，地方教育督导政策的制定、颁布和实施对我国教育督导政策体系的初步建立和督导制度的建立健全起到了重要的作用。

二、高等院校素质教育管理中教育督导工作的制约因素及对策

当前，大部分高等院校皆已建立教育督导制度。该制度已经成为高等院校监测与确保自己教学质量保障体系的重要组成部分。但作为一种自主式的督导制度，政府和上级行政管理部门对教育督导并没有进行行政性的统一管理。同时，由于各高等院校基于自身的不同情况与教育立场的不同，其对教育督导工作的性质、地位等的理解颇有差异，同时在具体的实施中还存在诸多制约因素，因此最终影响了督导工作的实际成效。其制约因素如下。

（一）制约因素

1. 外部制约因素

纵观世界各国教育发展史，我国教育督导制度既是我国经济与社会发展之需要，也是教育改革和发展之需要，更是教育管理走向科学化、现代化的必然要求。经过多年的发展，我国的教育督导制度仍存在着诸多的不足。中国教育学会副会长朱永新在《教育督导应相对独立》（2009年）一文中指出了我国教育督导制度当前存在的一些问题。问题如下：一是国家的教育督导制度建设滞后，长期以来的现实是教育行政管理常重视决策和执行，但忽视监督，教育督导是整个教育中的薄弱环节，势必要得到加强才能弥补教育发展的短板；二是欠缺相应的专门机构来执行教育法所规定的职责，目前的国家教育督导团不是国务院的权力职能部门，其没有强制执行力；三是督导队队伍力量孱弱，其难以胜任新时期的教育督导工作；四是教育督导工作的具体实施缺乏法律保障，目前我国的诸多法律中还没有明确指定教育督导的机构、职责和人员，因此教育督导的工作开展得并不是很顺利。

目前，我国教育督导制度的实施层面主要针对的是义务教育、高中阶段教育和中等职业教育这三类，对高等教育（包括高等院校）的督导较少，覆盖面还很不广阔；同时，教育行政部门针对各级各类学校内部的督导工作还没有明确和统一的要求。这些问题直接影响着高等院校教育督导工作的外部环境，高等院校的教育督导工作也因此而被制约。

2. 内部制约因素

（1）教育行政部门对督导工作的定位不明确

①督导体系的组织机构的性质不明确。目前，我国高等院校教育督导的组织机构分为三种形式：第一，依附职能处室模式，以处室为单位的职能模式，即在学校行政部门中设立一个初级单位，独立负责督导之责；第二，职能处室模式，即将督导部门设置为学校行政管理系统的一个初级单位，独立行使职能；第三，咨询机构模式，即由督导工作委员会或督导团、督导组等相对独立于学校等其他行政职能处室的、非行政性的、非职能性的机构，或由具有权威性的专家咨询性组织机构来行使督导职能。

这三种模式中，第一种模式没有将执行与监察的职能区分开，会导致"内部督导"相互干扰的情况发生，不能客观、真实地反映问题并加以改进，不能充分发挥督导机构的作用。相比而言，后两种模式较为可行。但由此可以确定，高等院校督导机构的性质比较模糊，对于督导部门是行政管理机构还是咨询机构，则不仅是模糊也是不统一的，这必然会影响督导机构的工作，使其不能正常地发挥自己的职能。

②督导体系组织机构的职责不明确。督导的职责一般包括督教、督学和督管这三个方面。从高等院校教育督导的实际工作来看，督导部门的职责不够明确，有的重视督教，有的重视督学，有的则重视督管，从而造成督导的职责履行得不全面、不充分，甚至造成了混乱，这都是因为督导部门在行使职责时工作方向与工作目标不清晰，从而影响了工作的质量和成效。

（2）督导工作的体系不完善

这种不完善主要体现在以下三个方面。

①督导队伍的纵向结构不完整。第一，有的学校只开展院级督导；第二，有的学校只开展系（部）二级督导。

②督导队伍的横向结构不完整。在这种类型的督导队伍里，教育行业以外的行业企业和社会机构参与较少，很多学校都没有受到来自行业企业和社会机构的督导。

③督导队伍的专兼结构不完整。第一，有的学校的教学督导员全都是专职做督导工作的；第二，有的学校的教学督导员则是兼职做督导工作的。这两种情况的存在都不利于督导工作全面、深入地开展。

（3）督导工作的水平急需提升

高等院校教育督导工作水平的高低除了受到教育行业内外宏观因素的影响外，也受到另一个重要因素即督导员队伍的影响。其中最主要的原因有以下几个。

①许多高等院校的教师数量不足。由于人员不够，难以抽出人手担任专职督导员，校内兼职督导承担的教学、科研任务较重，难以在督导工作上投入大量的精力，而聘请其他行业的人员，比如企业人员，则会存在操作上的困难。

②督导队伍的建设不能急功近利。教育督导由于对知识素养的要求高，其行业特性很严苛其所要求的知识、能力和素质等不是短时间就能够达到的。

（二）改进对策

针对这种情况，教育督导应该从以下几个方面加以改进。

1. 法律法规和政策层面

国家将继续完善教育督导制度，加强制度设计和宏观统合，从法律法规和政策层面进一步明确相关要求。如制定与颁布《教育督导条例》，完善教育督导政策体系；切实加强督导队伍建设，明确各级各类督导人员的资格要求，研究督导人员专业技术职务的评审办法，强化督导人员的业务能力和素质要求；明确各级各类学校内部教育督导工作的要求，做到内外结合；尤其要进一步规范高等教育的督导工作，加强协调，统一管理，保证高校督导工作落实到位。

2. 高等院校实施层面

（1）督导体系

教育督导是高等院校教学质量保障体系的必要构成要素，同时教学质量保障体系应是开放的体系。随着高校教育理念的日趋发展与成熟，教育界越发意识到，学生不只是高校教学的对象，更是高校教学场景的主体和教育服务的顾客；同时让学生参与监督也是当前社会发展的一个新趋势。另外，高等院校不断深化工学结合人才培养模式改革，校企合作越来越广泛、深入，让企业人员参与教育监督也是校企双方合作必要的内容和流程。可见，较为合理的督导体系为：从纵向来看，需院系结合、专兼结合，设两级督导员；从横向来看，可以内外结合、专兼结合，设教师督导员、学生督导员、校外行业企业督导员，其中专职主要为校内教师、管理人员，兼职主要为学生、退休教师、行业企业人员等；从督导人员的组成而言，要做到"五个结合"，即专职人员与兼职人员的结合，在职人员与退休人员的结合，学校人员与企业人员的结合，教师与管理人员的结合，不同学科专业人员的结合。这样可以根据工作的需要，发挥各类督导人员的优势，有利于督导工作全面、深入地开展。

（2）加强督导队伍建设

加强督导队伍建设，首先就要加强教育督导人员的职业道德素养、专业素养与管理能力、组织协调能力、调查研究能力、学习能力以及文字表达能力等多方面的素养和能力。督导队伍建设的途径主要有以下几种。①择优聘任。教育机构或各级各类学校应严格筛选，把在教学及教育教学管理工作中有较高水平、威信及影响的人士吸收到督导队伍中来。②不断提高自我学习的能力。从事督导的人员要随时加强业务和素养学习，不断提升自己的督导工作水平。③积极开展各种形式的培训。各级各类学校要从多角度、多方面强化对督导人员能力和素养的培训，有条件的要选派优秀的督导员参加更高层次的培训。④行业经验交流。学校要积极选派本校的督导人员参加学校间的行业交流，通过交流才能获得更多的行业信息，提高自身的管理服务水平。

（3）消除被督导者的对抗情绪

被督导者对督导者有对抗情绪是正常现象。原因如下：一是被督导者担心自身的问题被暴露，影响自己的业绩和收入；二是一般而言督导组织属于校内组织，难以建立权威；三是督导工作中督导者与被督导者之间难免会产生嫌隙，特别是给被督导者的工作造成干扰。在这种情况下，被督导者应从以下两个方面加以纾解。①要坚持公平正义，以人为本的督导方针。要知道督导一方面是督，另一方面是导，两者都要重视，方能减少冲突。②要加强指导的职能。要从日常督导转向重点督导，从一般规范化督导转向研究型发展式督导，同时要加强事前督导和事中督导，要将发现问题和解决问题结合起来，提升督导工作的水平。在督导时，要尊重教师的主导地位，尊重学生的主体地位，尊重各部门的主管地位，采用平等的、协商的、探讨的、对话的方式，形成合作与信任的关系，争取他们的支持，并共同做好督导工作。③明确职能、规范督导制度和流程。教育督导部门与教学部门和教学管理职能部门的工作既有分工又有合作，职能不同但目标一致。在督导时，必须处理好与教学部门和教学管理职能部门之间的关系，同时不能以督代管，不能干预教学部门和教学管理职能部门的具体业务工作，督导工作要到位，但不能越位。

（4）保持沟通渠道的通畅

在督导工作中，信息沟通是非常重要的，特别是在信息极为发达的当今社会。信息沟通一般包括信息的收集、分析、处理和反馈等几个方面。首先，如果信息沟通机制不完整，那么在教学运行和教育监督两种管理模式下，就常常会形成信息沟通的屏障，从而影响督导工作的开展。其次，要解决这个问题，就应建立教育督导工作的信息沟通制度，完善信息沟通的渠道。最后，加强信息沟通的方式很多，比如通过定期召开督导工作会议或让督导部门参加教学部门和教学管理职能部门的相关会议等方式进行信息沟通；通过教学工作简报、教育督导简报等定期进行信息沟通；通过访谈和座谈的形式进行信息沟通，开展相关专题研讨；通过督导工作调研报告等形式为各级各类学校领导及教学部门和教学管理职能部门提供信息与决策参考。

第二节 高校素质教育管理中教育督导制度的建立与发展

一、塑造正确的教学督导观

（一）加强对教学督导建设的必要引导

只有形成正确的教学督导观，才能以正确的方式开展教育督导。目前，特别是高等院校扩招后，教学督导已经成为保障教学质量的一种有效手段。因为教学督导制度是高校教学时对教学过程进行监督、指导、协调的过程，完善决策、执行、监督这三者之间的关系，并建立起科学合理的决策体制，就是每个教育从业人员或者督导人员应该建立的督导观。在目前三位一体的教学管理体制中，督导起到监督控制的作用，是健全的教学管理体系的核心要素。如果只有决策、执行两个要素而没有监督控制，那么就会使整个教学管理决策体系缺乏科学性与合理性。因此，教育行政部门要重视教学督导工作，从战略和策略上加强对教学督导工作的引导，加强教学督导体制构建中的文宣工作。在督导制度建设过程中教育行政部门应以积极、主动的姿态详细了解不同高等院校的情况，针对不同的高等院校，制定相应的政策、方针，从宏观上引导各校把教学督导制度建设纳入学校的整体发展规划中，从而建立起适合各校实际情况的督导机制。

（二）加强对教学督导价值的引领

除了意识形态的引导，还要加强教学督导价值的引领。一方面，这是中国特色社会主义政治意识形态的需要，只有做好教学督导价值的引领，才不会在教学督导的意识形态与教学质量的管控上出问题；另一方面，学校当局（校长及其管理团队）必须在教学督导的价值意义上认真学习，时时学习，紧跟社会的要求以及世界教育督导理论的前沿，这样才能打造出学校自身的价值理念、将教职员工与学生都凝聚到这个价值共识上来，牢牢把握学校价值的方向。《中华人民共和国高等教育法》规定："高等学校的校长为高等学校的法定代表人。"作为高等院校的最高行政领导和管理者,校长要能动地、自觉地学习教学督导理论,保持自身教育督导思想理论的前沿性。不论日常工作有多忙,校长都要从具体的事务性工作中解放出来,加强自身的学习和对教学督导事务的即时把握,不能将教育教学督导事务完全转交给他人代理。最高管理者在教育督导过程中,既展现了其引领教学督导价值的领导力,也显示了其掌握教育话语权、学校价值的领导者、教育价值的捍卫者的身份与地位。作为学校教育督导价值的引领者,学校管理当局应利用会议、校报、学校网站等媒体大力宣传有关教学督导方面的信息。学校领导要加大对教学督导工作的宣传力度,使学校的全体成员都能够走出认识误区,正确认识到教学督导在教学与学校管理中的重要作用,进而促进学校的可持续发展。

（三）转变教学督导的观念

教改不仅是体制的改变,也是教育工作者思想观念的改变;同样教学督导观念的转变也是教育行政管理者与教师思想观念的改变。只有思想观念得到转变,思想从灵魂深处得到改变,学校的每个成员才能更准确地找到自己的定位、明白自己的发展方向和发展方法。教学督导活动是一种科学的、民主的、有组织的、有计划的、群体性的活动,只有学校这个组织中的每个成员（或者说绝大多数）都意识到自身努力的方向和自身应该改进的方向,学校的管理才能走向良性发展的道路；只有教师努力提高教学的活动,学生努力结合自己的实际强化自身各方面的能力,才能说这样的教学督导营造出了良好的组织氛围。不仅如此,教育管理者与教师还要扩大教学规模和总结教学经验,自觉加强自己对教学督导性质、地位、职能、作用等的认识,并积极配合学校教学督导工作的开展,假以时日学校的教育督导才能显示出其作用和功能。

二、教学督导制度建设

（一）制定教学制度的原则

规章制度的制定要得到教师的理解和支持,因此学校要在相关性、能力性、义务性这三个方面下功夫。首先,相关性是指制定的规章制度要与教师的关切贴近。相关性的含义有三层,一是规章制度之内容、范围与教师密切相关,或者至少与部分教师是相关的,这并不难做到。二是制度要与教师的思想、生活、工作实际相贴合,否则很难激发教师参与的兴趣。三是规章规定要贴近高等院校教职员工高级知识分子的特性。高校不能像政府行政机构一样,实行比较严格的科层制。其次,能力性是指制度的制定要充分吸收专业人员的意见。最后，义务性是指制度的制定过程要与执行及履行义务的人密切沟通。教育管理学强调的是要"用正确的方式做正确的事情"，相关性、能力性、义务性三原则是确保正确制定制度的必要条件，也是教学督导制度制定时必须坚持的准则。

（二）教学督导制度涉及的内容

完善的教学督导制度是顺利开展教育工作的保证。目前，高等学校的教学督导工作随意性还很大，这其中一个重要原因就是缺乏有效的制度约束和保证。教学督导制度包括的内容很多，比如教学质量督导规程、督导评估制度、岗位责任制、规范督导人员行为的工作守则等。

三、教学督导机构的设置

（一）教学督导机构的设置要相对独立

教学督导机构要做到两点。第一，监督检查要有力度。即要有权威、有公信力、有影响力。第二，评价要准确、导向要正确。督导机构必须尽可能做到客观，不要受到其他因素的左右。因此，从加强督导机构的权威性和独立性出发，必须成立独立的处级教学督导机构。其独立性体现为财务独立、人员独立且直接隶属于负责教学管理的校长。只有确保督导工作的独立性和权威性，教学督导委员会及其成员才能及时捕捉学校教学、管理和发展的信息并做出恰当反应，才能发挥出应有的教学督导功能。

（二）完善督导机构硬件

高等院校要提供必要的教学督导经费，这样才能确保教学督导的力度和强度。足够的经费既是督导工作能够正常开展的必要条件，也是学校加强督导机构硬件建设的基础。

四、教学督导工作内容要科学合理

（一）扩展教学督导工作内容

教学督导工作内容应该科学而合理，这是高等院校教学督导体制建设的重中之重。从质量管理的视角来看，教学督导工作的对象会影响教学质量的各个方面；而教学督导的对象则可概括为教学活动全过程及教学管理。一般来说，教学督导的内容包括以下几个方面。

1. 教学工作目标的督导

教学工作目标包括学校定位、教学思想、人才培养目标、人才培养方案、课程目标、课程设置等。对这些目标的督导要综合考量，一以贯之。

2. 教学条件的督导

教学条件包括三个方面：一是师资队伍，二是教材和图书资料，三是教学设施。督导人员要对这三个方面加强管理，树立教育教学督导的范式并在后期加以彻底贯彻。

3. 教学全过程的督导

一是对课堂教学的督导，二是对实践教学的督导，三是对其他教学环节的督导。

4. 教学管理的督导

一是对教学管理的督导，二是对教学秩序的督导。

5. 对教学效果的督导

督导人员对考试及其他教学效果的督导应放在以下几个方面：一是检查试题是否以教学大纲和教材的要求为依据，是否考查了学生的基础知识、基本技能，以及是否考察了学生运用所学知识分析问题的能力；二是学生成绩是否呈正态分布，与上年相比是否有明显进步；三是学生拥有职业资格证书的情况；四是人才市场及用人单位对毕业生的评价；等等。

（二）督导标准和评价指标的确定

首先，没有科学合理的教学督导标准和评价指标，就难以保证对督导对象的客观评价。在确立督导标准和评价指标时，要坚持以下原则。首先，要坚持差异性原则，即根据不同的年级，设计出侧重点不同的评估指标体系。其次，要坚持完整性原则。再次，要坚持操作性原则。最后，评价应将定性与定量相结合，以定量为主。

五、教学督导工作方式宜多样化且人性化

（一）教学督导方式应灵活多样

由于督导过程的复杂性和易变性，督导方式不能单一而老套，应根据督导内容和性质变化而选择相应的督导方式，应使督导过程既有科学性又有灵活性。其中常用的方式有以下几种，一是组织学生评价教师的常规教学情况，并加以综合性的督察；二是定期或不定期地进行教学检查，教学督导人员应随时下课堂，随堂听课，并抽查教师教案及作业批改情况，随时把握教师真实的教学水平；三是教学督导人员应对学生的学习情况进行抽样调查，检测教学质量及教学效果；四是教学督导人员应深入教学管理部门及教师中去，了解管理部门教学管理的执行情况。

（二）督导对象应积极参与督导活动

就督导的工作方式来说，我们应确保督导人员与教学人员之间的互相协作与良性互动。督导者和督导对象之间应建立平等、合作、信任与和谐的关系，这有利于两者之间进行平等的探讨与交流，在督导过程中不宜对督导对象进行仓促的定性评价与优劣甄别，而应共同研究出提高教师教学水平的方法与途径，真正实现教学督导职能中由"督"向"导"的转换，切实促进教师教育水平的提高。

六、督导信息反馈机制的建立

（一）督导机构与管理部门之间的沟通

高等院校的督导机构要加强与校长和教学行政管理部门之间的沟通，可以通过采取教学督导工作会议的形式来达成这一目的。校长应担负主持教学督导会议的任务，督导组全体成员必须参加会议，以确保督导会议所反馈的信息科学、真实且全面。教学督导会议的召开，一方面可以使反馈的各种问题引起领导的重视；另一方面可以使学校的各教学单位和职能部门就反馈情况展开彼此的协调并共同研究解决问题的方法。

（二）督导机构与教师之间的沟通

督导人员与教师之间的沟通，可通过以下方式实现。第一，以听课方式进行督导反馈。督导人员每听完一名教师的课，要进行集体讨论与评估，并当即与教师或学生进行面对面的沟通，就发现的有关教学内容、教学方法等问题进行共同探讨。第二，在进行教学工作检查时进行信息反馈。在实际的督导工作中，督导人员可利用深入教学单位检查工作之际发现问题并进行信息反馈，同时向相关单位通报工作检查的具体情况与处理意见，引导教师在考试方式、命题、评判、教研等具体教学工作中进行改进。第三，帮助教师总结并推广教改试验成果和教学经验，如加强优秀中老年教师与优秀青年教师之间的交流，具体可以观摩教学的方式进行。第四，督导应双向反馈。督导应是双向反馈的，具体可以督导意见回复的方式进行。也就是督导部门要将督导意见与结果通报给教学单位，教学单位则要将改进意见和方式反馈至督导部门。第五，印发督导简报。为了保证日常教学督导能够及时在教育系统中得到传达，让教学单位了解教学工作的运行状况，应定期（一般为每半月）印发一期督导简报。这样一方面能让教学单位知悉教学工作中存在的问题；另一方面能让教学部门之间相互取长补短，共同得到提高。第六，专题调研报告。就督导时发现的典型问题与典型现象展开专题调研，并通过座谈、调查问卷、跟踪考察等方式加以系统性的分析与解决,为教育系统后期的决策提供科学的依据。第七,逐步完善督导的实时监控功能。一般来说,教学督导的流程包括以下几个步骤:教学中存在问题→督导员发现问题→原因分析→提出督导改进意见→督导对象(个人或部门)接受意见并整改→二次督导→巩固(推广)成果。在具体的督导工作中,应按照这个流程展开具体的督导工作,但也要根据不同教学单位和督导项目酌情加以变通和改进。只有根据实际情况加以变通,才能将督导中发现的问题解决好、处理好。第八,以现代信息处理技术手段改进督导。随着科学技术的进步,教育督导的手段也越来越多样化和量化。通过信息技术(如大数据技术、人工智能技术等)来进行教育督导将让督导变得更为快捷方便,对督导中所发现的问题的处理也更为科学而准确。

第三章 高校大学生素质教育探索

当今社会正处于一个转型时期——竞争激烈的知识经济转型时代。随着世界科技的不断进步，知识逐渐成为决定经济增长的重要因素，社会领域的各个方面都在发生深刻变化，我国从原来的计划经济转变为现在的市场经济。世界科技突飞猛进，科技进步日新月异。因此，在知识经济的转型时期，我们要促使高等院校在基础教育的基础上由单纯的专业教育向知识、能力、素质三位一体化的教育观转变。这些转变，对现行的高等教育提出了新的更高的要求，高校应担负起培养具有创新精神、实践能力和科学态度等综合素质过硬的大学生的业务，以便在知识经济的转型时期，适应新时期的社会需要。本章主要分析了高校学生素质教育的相关对策，对高校大学生素质教育进行了探索。

第一节 素质教育的理论基础

近几年来，广大教育工作者对素质教育的理论与实践进行了积极的探索和实践，从而促进了素质教育的实施。然而，我国素质教育在兴起之初并不是"至上而下"进行的。这就是说，素质教育实践的起因来自我国教育体制改革的不断纵深发展，这使得教育现代化内含着基础教育素质化的本质要求的结果。因此，应该从理论上对素质教育问题进行深入探讨，首先找到其落脚点，然后深入下去并使之走向科学化，并将其作为素质教育实践的理论指导。一般而言，素质教育具有以下几个方面的理论基础。

哲学基础：素质教育的科学指导思想。首先，马克思主义关于人的本质的认识决定了素质教育的本质。其次，马克思主义关于人的全面发展的学说为研究现代社会与人的发展提供了科学的世界观和方法论。

系统科学基础：素质教育目标设计与功能的整体优化。

心理学基础：素质教育实施的心理保证。

人才学基础：素质教育目标的具体化。

首先，人才学中关于合格人才、专门人才、杰出人才三类人才的划分以及人才的成才规律的揭示,给素质教育的实施以启示。其次,人才学中关于人尽其才的研究表明,所谓人尽其才,并不是仅仅尽其现有之才,还必须不断提高其潜在的才能。

未来学基础:素质教育的发展方向。第一,素质教育是面向21世纪的,因此应让学生适应未来发展的需要,应由传统教育向现代教育转化,由注重经验的传统教育向注重信息知识的未来化教育转变。第二,素质教育必须改变过去那种培养内向型、书斋型人才的局面,培养既关心现实,又关心未来,有深谋远虑,为后人造福的外向型开拓性人才,培养勇于进取、善于创造、具有极强应变能力的人才。第三,素质教育必须开放,面向世界、面向社会、面向一切有关教育的方面发展。

教育学基础:素质教育实施的根本依据。

社会学基础:素质教育理论的现实要求。首先,素质教育是现代教育,我国的国情是其实施的背景。其次,无论是当代教育还是未来教育都应是一种全面提高人类自身素质的活动。最后,素质教育应是一个网络化的教育体系,它不仅指学校教育本身,还应包含家庭教育、社会教育。只有这样,素质教育的目标才能更快、更好地实现。

第二节 高校大学生素质教育的内容

讲到素质教育就必须得先了解什么是素质,下面就简短地介绍一下素质的含义及内容。

一、素质的含义

《现代汉语词典》解释,素质是事物本来的性质,既包括人的先天特点,又包括后天的素养,以及平日的修养。修养则是一种养成,表明人的发展的状态、水平。可见,素质概念既可以从生理又可以从心理方面去解释;既可以说是人的"原始的状态""本来的性质",即先天的素质,如遗传素质,又可以说是人在后天形成和发展的状态、水平,即通过环境、教育和社会实践活动而形成和发展起来的素养,如现有的身体素质、心理素质、文化素质等。

二、高校大学生素质教育的内容

高校实施素质教育,就是要全面贯彻党的教育方针,以德育教育为核心,以培养学生创新精神和实践能力为重点,造就德智体美全面发展和知识、能力、素质综合协调发展的、适应未来社会需要的高级专门人才。大学生素质教育的内容包括思想政治素质、人文素质、创新精神和实践能力、法律素质及道德素质、身体心理素质等方面。

（一）思想政治素质

思想政治素质是指大学生思想意识、道德行为、政治态度、法纪素养等符合时代特征的基本品质，是大学生政治观、人生观、价值观、道德观的综合体现。

在大学生的多元素质中，思想政治素质是灵魂，居于各种素质之首，它对造就21世纪高素质人才起着引导和保证作用。思想政治素质是一个人的政治态度、政治观点、思想观念、思想方法和政治理论等方面的基本品质的总称，主要包括思想素质和政治素质两个方面，思想素质是由思想认识、思想情感与思想方法三因素组成的，而政治素质则是由政治信念、政治观点、政治立场等要素组成的。

大学生正处于世界观、人生观和价值观形成和发展的重要时期。虽然他们的思想政治素质有一定的发展，但总的来说，他们的社会生活经验还不够丰富，思想还不够成熟，可塑性比较强。因此，大学生要不断地学习政治理论知识，用科学的理论指导自己的实践，做到理论与实际相结合，努力去改造自己的主观世界，提高自身的认识和鉴别能力，培养良好的思想政治素质，树立正确的世界观、人生观、价值观，从而提高思想政治方面的素质。

当代大学生要认真学习马列主义、毛泽东思想，现阶段的中心任务是学习邓小平理论以及江泽民的"三个代表"的重要思想。它是我们党在新时期各项工作的根本指导方针和中华民族振兴的法宝。大学生要深入学习邓小平理论以及江泽民"三个代表"重要思想，要学以致用，将其与改革开放和现代化建设的实际结合起来。积极参加大学生业余党校的邓小平理论研究会，弘扬理论联系实际的优良学风，在理论与实际的结合上下功夫。只有坚持不懈、持之以恒，才能在运用邓小平理论以及江泽民"三个代表"重要思想解决改革开放和现代化建设实际问题的能力上，在改造客观世界和改造主观世界的自觉性上有新的提高，大学生个人的思想政治素质才能有很大的发展。

在我们所处的时代，先进人物不断涌现，如孔繁森、吴天祥、萧栋栋等，他们的精神和品质是我们取之不尽、用之不竭的力量源泉，我们应当教育大学生从他们身上吸取前进的动力，长期锻炼自己，不断改造自己、完善自己，使自己的思想政治素质不断提高，进而成为一个高素质的人。

（二）人文素质

人文素质主要包括专业理论素质（指大学生对教学计划内专业基础、专业理论课程的学习掌握程度)、文化艺术素质(指大学生应具备的人文社会科学和自然科学知识、文化底蕴、艺术修养、审美情趣以及关心社会、关心人类的态度和精神)、身心素质(指大学生的身体和心理健康状况、体育运动技能、体育训练和达标情况、社会适应性、心理承受能力以及个人言行和生活习惯等方面的修养)。

人文素质,从广义来说指一个人成其为人和发展为人才的内存于主体的精神品格。这种精神品格在宏观方面汇聚于作为民族精神脊梁的民族精神之中(爱国),体现在人们的气质和价值取向之中(有骨气)。从狭义来说指人文(即文史哲艺)知识和技能的内化,它主要是指一个人的文化素质和精神品格问题。

人文素质是关于"人类认识自己"的学问,"做人的根本在于品质培养",发展人文素质就是"学会做人",引导人们思考人生的目的、意义、价值,发掘人性、完善人格。追求人的美化,启发人们做一个真正的人,做一个智慧的人,做一个有修养的人。

人文素质的培养始于人性的自觉,一个人只有注重心灵自悟、灵魂陶冶,只有着眼于美好情感的积极内化,才能逐渐提高自身的人文素质。良好的人文素质表现为:追求崇高的理想及高尚的道德情操,向往和塑造健全完美的人格,热爱和追求真理,严谨、求实的科学精神,儒雅的风度、气质等。

(三)创新精神和实践能力

创新精神是指大学生在学习、工作中表现出的创造发明素养(包括独到见解、独特方法)。实践能力是指大学生完成学习任务,参加社会实践和社会活动,以及运用所学知识解决生活、生产、技术等方面实际问题的能力。

创新概念最早是由美籍奥地利经济学家熊彼特提出的。熊彼特认为:"所谓创新,就是建立一种新的生产函数,也就是说,把一种从来没有过的关于生产要素和生产条件的'新组合'引入生产体系。这种新组合包括以下内容:①引入新产品;②引进新技术;③开辟新市场;④开拓并利用原材料新的供应来源;⑤实现工业的新组织。"显然,熊彼特的创新概念包含的范围很广,涉及技术性变化的创新及非技术性变化的创新。

培养学生的创新精神是知识经济发展的必然要求。21世纪是知识经济时代,科学技术突飞猛进,科技进步日新月异,高科技成果向现实生产力的转化越来越快,国际竞争日趋激烈,知识经济初见端倪,并对人类的经济、社会生活产生巨大的影响。据估算,科技进步对经济增长的贡献率在农业经济时代不足10%,工业经济时代后期达到40%以上,而在知识经济时代将达到

80%以上。世界资源开发的核心已由物力资源开发转向人力资源开发，人才成为第一资源，成为经济发展中的决定性因素。一个国家、一个民族的发展、繁荣、富强，将越来越主要地取决于或依赖于知识进步的程度、知识创新的能力。国家的综合国力和国际竞争能力将越来越取决于教育发展、科技进步、知识创新的水平。江泽民指出："创新是一个民族进步的灵魂，是国家兴旺发达的不竭动力，一个没有创新能力的民族，难以屹立于世界民族之林。"我国要实现现代化，赶超世界科学技术发展先进水平，就必须使全民族确立创新意识，在各项事业中不断创新。同时，更需要培养一大批具有创新能力的高层次人才，使其成为国家现代化建设的中流砥柱。

实践能力的含义要高于"动手能力"。"动手能力"构成了实践能力的主体，但不是全部。实践能力应包括对事物敏锐的观察能力和分析能力，敢于接触实际、提出问题和解决问题的"动手能力"，以及处理工程实际问题时所需要的协调能力。由于实践能力与创新思维、创新能力的培养有着极为密切的联系，这就使实践能力的培养显得更为重要。

大学生实践能力的培养日益受到人们的重视，因为实践是创新的基础。我们应该彻底改变传统教育模式下实践教学处于从属地位的状况。构建科学合理的培养方案的一个重要任务是必须为学生构筑一个合理的实践能力体系，并从整体上策划每个实践教学环节。这种实践教学体系是与理论教学平行而又相互协调、相辅相成的。应尽可能为学生提供综合性、设计性、创造性比较强的实践环境，让每个大学生在大学四年中都能经过多个这种实践环节的培养和训练，这不仅能培养学生扎实的基本技能与实践能力，而且对提高学生的综合素质大有好处。

（四）法律素质及道德素质

大学生的法律素质是由大学生的法纪知识内化形成的相对稳定的行为，即边界的心理品质，它通过内心结合和习惯来约束大学生的行为，调控个人与个人、个人与学校及社会之间的关系。大学生道德素质是指大学生在做人与成人实践中内化成的行为规范的心理品质，包括大学生在学校和社会生活中形成的若干关于善与恶、公正与偏私、廉政与腐败、诚实与虚伪、创新与陈旧、积极向上与不思进取的心理品质，为增进自身全面素质发展与以个人发展为中心等观念，以及情感和行为习惯对应的心理素质。

（五）身体心理素质

身体心理素质是指个体的个性、接受教育的程度、伦理道德规范、价值取向等情况的总称。

第三节 高校大学生素质以及素质教育的内涵与特征

一、大学生素质的内涵及特征

大学生素质指大学生在高等教育阶段的学习和实践中发展起来或形成的内在的、相对稳定的、对大学生持续发展具有积极意义的主体特性和品质，其综合效应表现为认识和改造主客观世界的知识和能力。大学生素质是知识内化和升华的结果。大学的教育是包括人格教育在内的高等专业教育，教育的目标是培养具有良好素质的高级专门人才，也就是具有深厚文化底蕴和健全人格、具有创新精神和实践能力的高素质的专门人才。但在相当长的时期内，大学教育存在着严重的弊端，杨叔子院士将其概括为"过窄的专业教育、过重的功利导向、过强的共性制约、过弱的文化陶冶"。

大学生素质具有内在性、稳定性、有机性、多样性等特点。大学生素质一般包括专业素质、思想素质、政治素质、法律素质、道德素质、创新素质、人文素质、科学素质、工程素质、信息素质、管理素质、社会素质、心理素质和社会素质等。

大学生素质是大学生所获知识和能力的内核，体现了其学习和实践的成果，是大学生认识和改造主客观世界的力量源泉。在大学生素质发展过程中，学生处于主体地位，环境是主体发展的土壤，实践是主体，主体的关键意识注重特色、鼓励创新，富有内涵的环境促进主体的内化和升华。

大学生素质发展模式是多元化的，在大学生素质发展的多元模式中，须把握"注重全面发展，融合个性特长"这一优化原则，我们认为"合格＋特长"是一种较好的大学生素质发展模式，这一育人理念不仅承认学生在多方面"百花齐放"的同一性，同时也承认学生在某一方面"一枝独秀"的差异性，我们在实际工作中也验证了这种育人理念的科学性和可行性。

大学生素质在认识和改造主客观世界过程中所起的作用是持续的、长期的，甚至是终身的，我们主张大学生把时间和精力放在素质发展上。因为素质的作用比一般知识和能力的作用要持久，具有较强的后劲，这种后劲使大学生得以持续发展，从而为社会做出更大贡献。

二、素质教育的内涵及特征

素质教育，从根本上讲，是在人的固有的"感觉器官"和"神经系统"的"生理条件"的基础上，开发和促进人的"心理发展"，并赋予人的"心理内容"

和提升人的"发展水平"的工作与活动。所以"素质教育"不是一般的知识教育、技能教育、操作教育，而是一种具有开发性的心理教育、情感教育、意志道德教育和人的整体发展水准教育，归根结底，是一种世界观、人生观、价值观和审美观的教育。在现阶段，它可以说是培养"四有"公民的教育。

江泽民同志在全国教育工作会议的重要讲话和《中共中央国务院关于深化教育改革全面推进素质教育的决定》中对素质教育的基本内涵进行了深刻、全面的阐述。江泽民同志指出："必须坚定不移地实施科教兴国战略，大力提高全民族的思想道德和科学文化素质。"这就是说，实施素质教育，必须把德育、智育、体育、美育有机地统一在教育活动的各个环节中。学校不仅要抓好智育，更要重视德育，还要加强体育、美育和社会实践的教育，使这几方面相互渗透、协调发展，从而促进学生全面发展和健康成长。所以，素质教育从本质上说，就是以提高国民素质为目标的教育。全面推进大学生的素质教育，就是把大学生的全面素质作为教育工作的战略重点，在加强和重视文化知识教育的同时，更要重视和不断加强思想道德教育，特别要注重创造型人才的培养。

我国实施素质教育以来，取得了很大的成绩，但很多人对素质教育还没有一个全面的认识。素质教育是针对"应试教育"的弊端提出的一种新的教育思想。它是以面向全体学生、全面提高学生的基本素质为根本宗旨，以注重培养受教育者的态度、能力，促进他们在德智体美劳诸方面全面发展，并以生动、活泼、主动的发展为基本特征的教育。它的实质是尽可能发掘学生的潜能，努力使每个学生在大学四年中都得到全面发展，使之"学会认知、学会生活、学会生存"，使其步入社会以后能迅速成为栋梁之材。对于"素质"这一概念，学界有着各种各样不同的提法和理解。人的素质原来指人区别于其他生命体的因素与质地。教育中的素质来源于心理学所讲的先天素质，但又有不同的意义。传统的素质是指人或事物在其某方面的本来特点和原有基础。在心理学上，它指人的先天的解剖生理特点，主要指感觉器官和神经系统方面的特点，是人的心理发展的生理条件，但不能决定人的心理内容和发展水平。人的心理来源于社会实践，素质也是在社会实践中逐渐发育和成熟起来的，某些素质上的缺陷可以通过实践和学习获得不同程度的弥补。现在我们普遍认为，教育中的素质指整个主体的内在性与现实性的统一，即在先天素质的基础上，通过教育和实践活动发展而来的人的主体性品格，也就是人的知识和能力内化而形成的一种品格，是个体通过自身的认识和社会实践所养成的比较稳定的身心发展的基本品质，以及所积累的知识和能力底蕴而共同形成的总体品格。知识是素质的基础，能力是素质的一种表现，素质高于知识和能力并能使知识和能力更好地发挥作用。素质教育是以提高民族素质为宗旨的教育。

第四节 高校大学生素质教育的现状及问题

高等学校的主要任务是为社会主义现代化建设培养合格的人才。毛泽东同志曾说过，学校是为社会主义建设培养人才的地方，要使受教育者在德育、智育、体育等方面都得到发展，成为有社会主义觉悟、有文化的劳动者。邓小平同志也曾明确指出，要把青年培养成为"有理想、有道德、有文化、有纪律"的"四有"新人。中共中央、国务院在第三次全国教育工作会议上提出全面推进素质教育，培养高素质的跨世纪人才，素质教育应该是以德育为核心，以培养学生的实践能力和创新精神为重点，注重培养德、智、体、美全面发展的"四有"新人的教育。在知识经济时代，教育在综合国力中处于基础地位，国力的强弱越来越取决于劳动者的素质，取决于各类人才的质量和数量，这对于高校培养和造就一代新人提出了更加迫切的要求。高校必须全面贯彻党的教育方针，坚持教育为社会主义现代化建设服务，坚持教育与社会实践相结合，积极转变观念，培养具有创新精神的大学生。

一、我国高校大学生素质教育的现状

（一）应试教育思想还居于主导地位，在短时期内会对教育模式产生影响

在我国，应试教育由来已久，有些家长通过学生的学业成绩衡量学生的优劣，有些教师根据成绩认定学生的学习效果。目前，我国的高考制度造就了一些应试教育的"人才"，有些学生不太适应社会的需求。相比而言，我国的幼教、九年制义务教育正全面推行素质教育，而我国的高等教育在这方面的改革还不太突出。有些高校评定奖学金时，仍以学生的学业成绩为主要依据，这就导致了有些学生为考试而学。考试也成为学生能否继续深造的决定性依据。诚然，考虑学生的学业成绩不无道理，但作为评定学生的决定性依据则为不妥，这违背了我国的教育原则。高校大学生素质教育的具体情况如下。①政府在宏观上的管理、指导力度不够强，政府在宏观上应对高等教育及其他教育进行有效的管理和必要的指导。通过政策、文件的下达，进一步指导各级各类教育行政机关和学校实施素质教育，对学校实施素质教育进行有效的监督和指导，不可放任自流，应将培养高素质的一流专门人才的目标逐步推进。②素质教育的主体（学生）本身存在问题，学生作为素质教育

与教育教学的主体,在高等教育中的主体地位不能动摇。进入高校接受高等教育的学生,水平参差不齐、能力各异,综合素质也有差异。就目前我国高校学生的现状进行分析,主要存在以下问题:部分大学生思想道德素质水平不高;有些学生则心理素质不高甚至存在心理障碍,社会适应能力较低;一些学生独立性强但团结协作的能力较差;等等。这些现象都反映了学生的综合素质有待提高。③教育工作者的素质水平问题。教育工作者承担着教书育人的重任,作为学生的"引路人",教师自身必须要有相应的素质要求。目前,我国高校工作者承担着教书育人、管理育人、服务育人的使命。教师在思想政治、道德修养、学识水平、治学态度等各方面都要有较高的造诣。但就现状来看,某些教师在学识上不够广泛,治学态度上不够严谨,教学方式方法不当,这样可能会造成培养人才的"瓶颈",教师的素质随着时代的进步有着更高的要求,而现阶段教师出现的这些状况令人担忧。④教学模式呆板。教学方法灵活度不够,目前我国高校主要采用课堂教学的教学模式。而课堂教学常以教师讲授为主,在课堂上师生之间的互动、交流较少,教师的启发式教育显得强度不够,采用"填鸭式"的教学方法,这势必会影响学生综合素质的提高。

二、高校大学生素质教育中存在的问题

目前,素质教育在我国已逐渐引起了人们的重视并逐步被引进到现在的教育教学当中来。但在素质教育的推广过程中,还存在着创新能力差、理论与实践脱轨等诸多问题,这引发了笔者对目前大学素质教育困境的思考,我就此提出了一系列解决问题的方案。

杨叔子院士将大学教育存在的弊端概括为"过窄的专业教育、过重的功利导向、过强的共性制约、过弱的文化陶冶"。因此,我们就素质教育谈到以下几个方面。

(一)我国大学素质教育中存在的问题

1. 我国大学素质教育的学生评价标准体系不合理

我国素质教育目前就存在这样的问题,以学生的成绩说明一切问题,很多事情都与成绩挂钩,考核标准太单一,这种考核方式对很多学生来说是不公平的。

2. 创新能力比较差

大部分学校教育缺乏应有的活力,在这样的模式下培养出来的大学生,缺乏动手能力,不具备基本的实践能力,大谈理论但不具备应有的实践能力。然而我们的现代化建设需要的不是这样的"口述者",我们需要的是有创新

意识、有实干能力的"出力者"。

3. 理论与实践脱轨

学习的目的就是为了运用，我们现在空有理论，不会运用。导致的结果就是理论与实践脱轨，学校培养了少数高学识、低能力的学生。

（二）改变大学素质教育困境的对策

1. 学校应该建立一个科学合理的教育评价体系

构建科学的学生综合素质评价体系，以此代替单一的学业成绩的评定，是大学全面深入推进素质教育这一系统工程的重要组成环节，是当前大学教育教学改革的一项紧迫任务。

2. 学校要营造一个适合创新的校园氛围

我们在教育中要营造一个"人人说创新、时时想创新、无处不创新"的校园文化氛围。要对现有的教育模式进行必要的改造，在教学中强调发现知识的过程，强调创造性地解决问题的方法，培养探究的精神。

3. 学校和社会要为大学生建立一个理论实践的平台

在学校里，很多理论没办法用实践检验，学校没有这样的条件让我们去这样做，导致的结果就是理论与实践脱轨。这样的问题可以通过以下三方面的努力加以解决：第一，必须引起学校领导的重视。第二，学校要在经费方面给予支持。第三，国家要在政策方面给予倾斜。

第五节 实施素质教育的有效措施

第一，政府职能部门的各级教育行政机关，应从观念上重视素质教育的实施，切实从思想上、观念上加强素质教育的开展，使素质教育真正深入人心。政府应加大对学校实施素质教育的监督与指导，各级教育行政部门制定出与素质教育相关的规定文件，使素质教育的开展得到有效保障。政府及各级机关应该随时留意素质教育开展的情况，从宏观的角度加以必要的控制，使素质教育的实施合理化、规范化，真正把素质教育工作落到实处。

第二，政府、学校、社会、家庭等各方面加强沟通，为开展素质教育提供有利条件。人的教育是一项复杂而多变的系统工作。将政府、学校社会、家庭等各部分协调一致，全方位、多渠道的沟通，势必会推进素质教育的有序开展。政府可根据社会发展对人才的需要，适时调整政策。政府、学校与家庭、社会进行沟通，可从多方面了解学生的情况，掌握较全面的学生情况资料。例如，近年来，同济大学围绕"知识、能力、人格"的人才培养模式，坚持学校教育与社会教育相结合、理论教育与实践教育相结合、自我教育与他人教育相结合,积极开展形式多样、丰富多彩的社会活动,锻炼学生的能力,提高学生的综合素质,这样就可共同促进学生素质的提高,能力的发展。因此,加强多方联系与合作能使学生的健康发展得到有效的保障,使全面开展素质教育有了多方支持,有利于将素质教育的开展全面推向前进。

第三,加强学生的思想政治教育及文化素质教育,思想政治教育作为开展学生素质教育的重要内容,在当今社会已引起广泛的关注。加强对学生进行思想政治素质的教育,树立以人为本的德育新理念,使学生学会尊重人、理解人、温暖人,使学生追求自身完善,获得全面发展。另外,优良品质的培养是大学生素质教育的又一重要目标。科学文化的熏陶,可以使学生掌握一定的知识与技能,同时也能使学生不断地完善自己,为投身社会打下良好基础。居里夫人、爱迪生、陈景润等都具有崇高的理想、百折不挠的意志、勤奋好学的精神,这些正是素质教育的重要内容。优秀的品质正是素质教育的最好内容。当代大学应从学习和借鉴"名人"们的优良品质着手,结合自身实际,通过教育熏陶,使自己在品德、才能、健康等方面全面发展。

第四,开放性教学的开展,有利于更好地实施素质教育。目前,我国正在逐步开展、实施开放性教学。例如:课堂上老师提问,提的问题可以有多种解决方案,而非一种固定的、一成不变的模式,学生回答问题时可以充分发挥自己的想象力,只要结果能说服教师,就算过关;在考试中也融入了开放性的题目:学生可以从多角度、多侧面、创造性地回答问题,这些题目灵活度大,不拘泥于一种回答方式,充分发挥了学生的创造力和想象力。开放性教学鼓励创新,利于激发学生的创造力。如今,培养创新人才,挖掘学生创新潜能,是实施素质教育的重心。教师通过开放性教学,使学生富于想象力和创造力,比学生呆板地获取知识更重要。激发学生的学习潜能,发挥学生的创造力和想象力,已成为开放性教学的教学目标。

总之,历史已进入21世纪,我国要跨入世界强国、富国之林,就要对高校学生进行综合素质教育,使学生在德智体美劳等各方面都得到长足的发展,培养和锻炼创新型人才。素质教育在充分发挥每个教育者潜能的前提下,着重对人的思想品德、科学文化和身体、心理等技能进行培养和提高,达到以发展个性为目的的教育效果,推动整个教育事业和谐、健康、有序的发展。

第六节 大学生素质教育的重要意义

1999年6月,《中共中央国务院关于深化教育改革全面推进素质教育的决定》发表后,素质教育成为各级各类教育普遍关注的焦点,也成为全社会共同关心的话题，是个值得研究和探讨的重要课题。

当代大学生的主流人生观、价值观是积极向上的，他们渴望成才并准备献身报效祖国，其危机感和使命感不断增强。但是我们也应该清楚地看到，部分大学生在社会各种消极因素的影响和冲击下，道德和观念上产生了错位与倾斜，这使得他们的思想也产生了变化。主要变化为：政治素质薄弱；思想道德心态逆转，理想追求淡化；心理素质不高，抗挫能力差；生活追求新潮，安逸享乐；只注重专业知识的学习，不注重综合能力的提升，分析与解决实际问题的能力不足。高等学校作为人才培养的摇篮，其基本职能是培养社会需要的人才，素质教育是高等学校教育的基础，是学校人才培养的重要组成部分。推进大学生素质教育是生存的需要，又是发展的需要；既是社会发展的客观需要，又是个人自我完善的主观需要；既是个人的需要，又是社会、国家以及整个人类持续发展的需要。所以说，推进大学生素质教育的动力是客观存在的，也是十分现实的。

素质教育是一种着眼于开发人的智慧潜能，以完善和全面提高人才的整体素质为重要内容和目的的。素质教育是在人的先天生理基础上，经过后天教育和社会环境的影响，由知识内化而形成的相对稳定的心理品质。人的素质是指人们先天的自然性与后天的社会性的一系列基本特点与品质的有机综合。这个层面上所讲的素质，既包括先天的遗传素质，也包括后天形成和发展起来的身心素质；既指可以开发的人的身心潜能，又指社会文明成果在人的身心结构中的积淀和内化。人的素质实际上是以个体的先天禀赋为基础，在环境和教育的共同影响下发展起来的稳固的性质和特征。人的素质是先天禀赋和后天活动的"合金"。

由此可见，它是在教育和社会环境的影响下逐步形成和发展起来的。也就是说，素质是教化的结果，是可以培养、造就和提高的。素质是知识内化和升华的结果，单纯具有知识不等于具备一定的素质，知识只是素质形成或提高的基础。没有知识作基础，素质的养成和提高便不具有必然性和目标性，但只具有丰富的知识并不等于具有较高的素质。素质是一种相对稳定的心理品质，由于它是知识积淀、内化的结晶，因而它具有理性的特征，同时它又是潜在的，是通过外在形态（人的言行）来体现的，因此，素质相对持久地影响和左右着人对待外界和自身的态度。专家将人的素质概括为人对自然、对社会、对他人以及对自身的态度。当然，我们并不能因为素质的相对稳定性而断言素质一旦形成就是一成不变的，它是可以培养、造就和提高的，它又会在外界的影响和冲击下，发生变化，有时可能是质的变化。从这一意义而言，人才的素质是稳定性和可变性的统一。

从素质的观念出发，构成人才的基本要素可以概括为知识、能力、素质；人才的素质又可分为思想道德素质、业务素质、文化素质、身心素质，其中思想道德素质是根本，是灵魂，文化素质是基础。素质教育就是一种更加注重人才人文精神的养成和提高，重视人才人格的不断健全和完善，也就是说更加重视学生学会"做人"的教育理念。著名的专家学者杨叔子经常告诉学生："你们到大学来干什么？三件事：第一，要学会如何做人；第二，要学会如何思维；第三，要学会掌握必要的知识与运用知识的能力。这三者不可分割、彼此支持、相互渗透，而学会做人是最基础的。"高等教育是培养专门人才的专业教育，在高等教育领域倡导素质教育的思想，不是以素质教育取代专业教育，也不是将素质教育与专业教育对立起来。高等教育应是更加注重人才素质提高的专业教育。知识、能力、素质三者是素质教育中的三个要素，并且是相辅相成的。知识是素质形成和提高的基础，没有相应的知识的武装，不可能内化和升华为更高的心理品格，从素质教育的思想出发，高校在传授给学生知识时，除了专业的有关知识外，更应重视学生"为人""做人"所必备的知识，即相关的人文、社会、自然科学的知识的传授。

能力是素质的一种外在表现，所以培养学生什么样的能力也是非常重要的，从全面提高学生的整体素质出发，更要注重培养学生的社会交往，以及与他人共处、共事、合作，即"做人"的能力。素质是更深层次的东西，加强或注重素质教育，就要更加注重渗透性教育，更加注重受教育者的体验和内化过程，更加注重实践包括社会实践。

从素质教育的思想来看，高质量的人才应是知识、能力、素质的高度和谐和完美统一。从人才培养的角度而言，传授知识、培养能力往往解决如何做事的问题，而提高素质则更多地解决如何做人的问题，只有将做事与做人有机地结合起来，即既要使学生学会做事，又要使学生学会做人。在选择人生道路的问题上，有理想和现实、理想和人生、福和祸、苦和乐、荣和辱、生和死、善和恶、公和私等矛盾，还有教育和受教育者的矛盾、知和行的矛盾、成才意识和价值取向的矛盾等，因而大学时期是形成人生观、世界观、价值观的关键时期，迫切需要高校卓有成效地帮助大学生奠定无产阶级人生观、世界观、价值观的基础，这也是高校大学生素质教育的出发点和时代赋予高校的光荣职责。

利用课堂教学这块主阵地对大学生进行素质教育，最大限度地发挥育人的效益。教与学是课堂教学中最基本的一对双边活动，课堂教学过程是一个错综复杂的矛盾运动的系统工程，是一种有目的、有计划、有组织传播知识技能，培养思想品德，发挥智力和体力的活动，其任务是培养适应社会主义现代化建设的合格人才。课堂教育是素质教育的主渠道。教师的天职就是育人，育什么人？育"四有"（有理想、有道德、有文化、有纪律）、"四化"（革命化、年轻化、知识化、专业化）、"四美"（心灵美、语言美、行为美、环境美）的人。这三个"四"的第一条是有理想、革命化、心灵美，都突出了素质教育的首要地位。教师要有一种历史感和责任感，在科学知识的讲台、理想信仰的讲台、文明道德的讲台，给大学生点燃求索的明灯。努力教书育人、管理育人、服务育人，注意为人师表、以身作则、言传身教，以自己的思想、信仰、品格、情操、学识、心态、立场观点、精神境界、治学态度等出现在学生面前。教师要"学高为师，身正为范"。"教书者必先强己，育人者必先律己。"作为高校"两课"教师要努力做到：注意理论性和思想性。

从当代大学生的年龄来看，他们属于"小大人"，他们和中学生相比，有了一定的知识基础和思考判断能力，他们的思维特点属于"探索型"。他们的求知欲望强，对客观事物喜欢追根究底，并有自己的看法，甚至要加以评论。在部分大学生当中出现了信仰危机、道德滑坡、人生观多元化等现象，市场经济的趋利性也有一些有害效应，个人主义、利己主义、拜金主义、享乐主义等不可避免地对大学生产生了负面影响。恩格斯指出："一个民族要想站在科学的最高峰，就一刻也不能没有理论思维。"马克思指出，理论只要说服人，就能掌握群众；而理论只要彻底，就能说服人。对一些实际问题，给予疏导，晓之以理，以理服人，引导大学生进行正确地思维、分析、鉴别，促使其透过现象看清本质，把感性认识上升为理性认识，透过现象看事物的本质。

综上所述，对高校大学生进行素质教育是当今社会的一个重要任务，它是一个系统的、复杂的社会工程。大学生素质教育关系到国家振新和民族的强盛，也关系到社会主义的总体进程。因此国家采取有效措施，积极推进当前大学生的素质教育，这对社会的总体发展具有不可估量的意义。

第四章　素质教育与大学生创新能力的培养

面对知识经济的挑战，高等学校要面向 21 世纪，努力培养和造就大批创新性人才。创造性人才是指具有创新精神和创造能力的高素质人才。教育战线当前面临的基本任务是："必须全面坚持党的教育方针，坚持教育为社会主义、为人民服务，坚持教育与社会实践相结合，努力造就有理想、有道德、有文化、有纪律的德智体美等全面发展的社会主义事业建设者和接班人。"面向 21 世纪，教育应从应试教育向素质教育转变。本章内容主要探讨了素质教育相关内容及其在大学生创新能力培养中的重要作用。

第一节　对素质、素质教育及创新能力的理解

一、素质的内涵

"素质"是一个综合概念，通常指个人的才智、能力和内在修养，又称"能力""资质""才干"等，是判断一个人能否胜任某项工作，决定并区别绩效差异的个人特征。所以，素质是在人的先天生理基础上，受后天的教育训练和社会环境的影响，通过自身的人的和社会实践逐步形成的比较稳定的身心发展的基本品质。主要包括以下 4 方面的内容。

第一，素质首先是教化的结果。它是在先天素质的基础上，在教育和社会环境的影响下逐步形成和发展起来的。

第二，素质是自身努力的结果。一个人的素质的高低，是通过自己努力学习、实践，获得一定的知识并把它变成自觉行为的结果。

第三，素质是一种比较稳定的身心发展的基本品质。人的素质一旦形成就具有内在的相对稳定的特征，显示出较为一贯的人格"品质"个性和才能。

第四，素质是动态的、可变的，素质的提高是一个不断积累、不断渐变，最终达到一定境界的过程。通过日常生活中的日积月累，人的素质会逐步提高和改善。

二、素质教育的概念、内涵及相关理论

素质教育概念及其理论，是我国改革开放实践尤其是教育改革深化和发展在教育理论和思想上的产物。素质教育是具有鲜明时代特征和重要理论价值的命题。我们要立足于构建社会主义和谐社会的总体目标，认真分析新形势下素质教育的新要求和发展的不平衡性，将素质教育放在社会系统中来研究，继续完善素质教育理论，在研究方法上，要注重理论与实践相结合，挖掘素质教育的成功样态，从教育实践中总结、提炼、概括、丰富素质教育理论。

20世纪80年代中后期以来，我国教育界涌动着声势浩大的素质教育热潮。当前，新的形势和任务迫切需要我们立足于构建社会主义和谐社会的总体目标，把提高全民族的整体素质放在更为重要的地位，在新的时代背景下，深入探讨素质教育的思想和理论内涵，进一步增强素质教育的可持续发展能力。

（一）素质教育研究的演进

素质教育概念及其理论在我国出现并受到重视，其有着深厚的实践基础、社会背景和时代背景。素质教育是我国改革开放实践尤其是教育改革深化与发展在教育理论和思想上的产物。素质教育是不断发展的概念，素质教育理论也在不断丰富。

1. 素质教育的提出（20世纪80年代初—90年代初）

"素质"概念受到教育理论界关注始于20世纪80年代初。党的十一届三中全会后，党和国家的工作重心转移到社会主义现代化建设上来，社会、经济发展需提高全民素质和培养高素质的人才。1985年5月，中共中央、国务院召开了改革开放以来的第一次全国教育工作会议，在会议上颁布的《中共中央关于教育体制改革的决定》指出，教育体制改革的根本目的是提高民族素质，多出人才、出好人才。20世纪80年代中期，纠正片面追求升学率现象、全面提高学生素质的呼声日益高涨，教育理论界开展了关于教育思想的讨论，如《教育研究》杂志于1986年第4期至1987年第4期开设了"端正教育思想，明确培养目标"专栏，重点讨论了树立正确的人才观和提高民族素质等问题。与此同时，一些学者开始撰文专门论述国民素质、劳动者素质、人才素质等问题。从讨论中可以看到"素质"从一开始提出就不仅指狭义的先天生理禀赋，而是具有丰富内涵，包括生理层面、心理层面和社会文化层面的广义概念。综合学者的分析，素质的特点可归纳为遗传性与习得性的统一，自然性与社会性的统一，稳定性与发展性的统一，潜在性与现实性的统一，共性与个性的统一。素质教育概念出现在20世纪80年代后期。原国家教委副主任柳斌同志于1987年在《努力提高基础教育的质量》一文中使用了"素质教育"一

词。此后，有学者撰文从学理上探讨了素质教育问题。与素质教育同时出现的一个概念是"应试教育"。"应试教育"指那种脱离人的发展和社会发展的实际需要，单纯为应对考试争取高分，片面追求升学率，违背教育规律的一种教育训练活动。"应试教育"通常被打上引号，作为贬义词使用。这一阶段教育理论界主要从社会和人的发展的需要出发讨论素质教育的意义，从马克思主义全面发展的理论层面探讨素质教育的理论基础，从素质教育与"应试教育"的关系角度分析素质教育的概念和内涵，从对素质的认识确定素质教育的内容。

2. 素质教育研究的发展（1993—1999年）

20世纪90年代，我国改革开放和社会主义现代化建设进入新的发展阶段。党的十四大提出了科教兴国的战略，教育被赋予提高国民素质、培养跨世纪人才的使命。这一阶段，国家从政策上加强了对素质教育的引导。1993年2月，中共中央、国务院印发的《中国教育改革和发展纲要》提出，中小学要从"应试教育"转向全面提高国民素质的轨道，面向全体学生，全面提高学生的思想道德、文化科学、劳动技能和身体心理素质，促进学生生动活泼地发展，办出各自的特色。这是中央文件中首次对素质教育做出的解释。1994年6月，中共中央、国务院召开了第二次全国教育工作会议，李岚清同志在会议总结讲话中指出，基础教育必须从"应试教育"转到素质教育的轨道上来。这些都有力地推动了素质教育的研究与实施，使素质教育的发展进入到一个新阶段。1996年，原国家教委在湖南汨罗举行素质教育现场会。1997年，原国家教委又在山东烟台召开了全国中小学素质教育经验交流会，进一步总结推广了汨罗、烟台的经验，对实施素质教育做了全面部署。同年，原国家教委颁发《关于当前积极推进中小学实施素质教育的若干意见》，将全面推行素质教育作为基础教育的一项重大任务，提出了有效实施素质教育的若干措施。这一阶段，教育理论界对素质教育进行了多角度、全方位和深入的研究。从理论基础方面，加强了对相关学科和理论的研究与吸纳，如研究者从知识经济理论、终身学习理论、建构主义学习理论、人本主义学习理论、多元智能理论等理论中吸取营养，对素质教育的理论内涵进行了丰富，认识到素质教育不仅要面向全体学生、全面提高学生的素质，还要培养学生的主体性，着眼于学生的终身发展，培养学生的健全人格。从实践认识方面，学者们对素质教育与"应试教育"的关系，素质教育与个性发展、特长培养的关系，素质教育与考试、升学的关系等进行了深入的探讨，并澄清了一些模糊认识。

3. 素质教育研究的深化（1999年—）

21世纪，知识经济成为主导型的经济形态，知识和人才、民族素质和创新能力越来越成为综合国力的重要标志，成为推动或制约经济增长和社会发展的关键因素。党的十五大继续提出要实施科教兴国战略，使经济建设真正转到依靠科技进步和提高劳动者素质的轨道上，要增强自主的科技创新能力。1999年6月，第三次全国教育工作会议召开。这次会议以素质教育为主题，把素质教育提高到事关国家发展大局的重要地位，素质教育被赋予新的时代使命。江泽民同志在会议讲话中指出："教育是知识创新、传播和应用的主要基地，也是培育创新精神和创新人才的重要摇篮。"会议做出了有关素质教育的一系列重大决策。《中共中央国务院关于深化教育改革全面实施素质教育的决定》明确指出：实施素质教育，就是全面贯彻党的教育方针，以提高国民素质为根本宗旨，以培养学生的创新精神和实践能力为重点，造就"有理想、有道德、有文化、有纪律"的、德智体美等全面发展的社会主义事业建设者和接班人。这次会议使素质教育进入了新的阶段。素质教育实施的领域更加广泛，贯穿于幼儿教育、基础教育、高等教育、成人教育、职业教育等各级各类教育，贯穿于学校教育、家庭教育和社会教育等各个方面；素质教育的内涵更加丰富和具有时代特征，强调创新精神和实践能力的培养；素质教育的研究和实践不仅涉及考试评价、课程教材、教师队伍等方面，还涉及教育结构、教育体制等宏观问题。随着社会的发展和教育理论研究的深化，素质教育的研究又出现了一些新的角度。如从人作为活动主体的角度分析素质结构；从生命发展的角度诠释素质教育的价值，从经济学的角度诠释从"应试教育"转向素质教育的意义；等等。进入21世纪，人们立足于构建社会主义和谐社会，从科学发展观角度对素质教育进行了新的思考，如素质教育自身理论体系的完善问题、素质教育的均衡发展问题、素质教育实施的环境建设问题、素质教育的实践模式问题、素质教育的评价体系问题等受到广泛的重视。

三、素质教育的深刻意蕴

（一）素质教育是具有丰富内涵和鲜明时代特征的概念

近20年来素质教育的实践发展和理论研究成果，为我们正确认识和深入研究素质教育理论提供了大量的有益参考。一般来说，素质即人所具有的维持生存、促进发展的基本要素，它以人的先天禀赋为基础，在后天环境和教育的影响下形成并发展起来的内在的、相对稳定的身心组织结构及其质量水平，主要包括身体素质、心理素质和社会文化素质等。人的发展是多种素质综合作用的结果，而个体所具有的素质的总量与水平状态不同素质的组合结构及和谐度不同反映其素质水平高低，影响其生存状态、成长路径，决定其发展的可持续性的强弱。个体素质与所属群体的素质水平相互作用，具有统一性。受教育者的发展过程是各方面素质协调发展的过程。素质教育为实现受教育者素质的不断优化组合，构建科学健全的素质结构，促进受教育者全面、和谐、均衡发展奠定了坚实基础。

在教育学意义上，对于素质教育的概念可以做如下概括：素质教育就是培育、提高全体受教育者综合素质的教育。它以促进人、社会、自然的和谐发展为价值取向，以德智体美劳全面发展的合格公民为培养目标，以全面贯彻党和国家的教育方针为根本途径，以教育质量的全面提升为显著特征。关注人的发展是素质教育的灵魂、核心和目标。素质教育注重在教育过程中把人的全面发展放在中心地位，注重人的整体素质的全面提高、个性发展以及创新精神和能力的提高，发挥人的潜力和能力，为人的发展提供条件，并使人有能力掌握自身的发展，将个体的发展与社会发展统一起来。素质教育强调个性化与社会化的统一、个体本位与社会本位的统一、人文教育与科学教育的统一。

素质教育在马克思主义人的全面发展学说的基础上，结合教育和社会发展的需要，进一步丰富和发展了全面发展教育的内涵。依据素质的分类构成，素质教育注重培育和提高学生的身体素质、心理素质、社会文化素质。因而素质教育同全面发展教育在方向、目的、基本内容上是一致的。素质教育从人的身心发展的素质结构入手，为培养与提高学生的素质提供了更加丰富和明确的培养目标体系，并且使全面发展教育的内容更为明确，使之有较强的可操作性。素质教育目标体系的建构丰富了全面发展教育的目的论，而优化个性发展是深化素质教育的必然要求。

素质教育明确地表达了人的全面发展——个人、个性的全面发展。素质教育是全面发展教育思想的具体落实，素质教育可以使全面发展具体化，而个性优化发展可使每个学生的素质和个性尽可能达到结构合理的、多层次的优化发展。教育方针是根据经济社会要求制定的一定历史阶段教育工作的总的指导方针，指明了教育发展的总方向，是关于国家教育政策的总概括，是各级各类教育必须遵循的准则。实施素质教育，要求把教育方针贯彻到教育教学的各个环节中去，纠正偏离教育方针的各种教育行为。

全面提高教育质量，发展优质教育，是当今世界基础教育领域的普遍追求，素质教育理念与这种追求相契合。教育质量与学习者的综合素质水平密切相关。素质教育的目的是促进学生综合素质的发展，素质教育的基本载体是学校各类课程与教学活动，因而实施和推进素质教育，必须以有效提高教育教学质量为中心。具体而言，在教育内部，素质教育应重点在德育、课程改革、教师队伍建设和考试评价四个主要环节上扎实推进。

素质教育的内涵可从多个角度来理解。从教育目标的角度来看，素质教育以全面培育和提高受教育者综合素质为目的，以培养学生的创新精神和实践能力为重点，造就德智体美劳全面发展的合格公民。从教育的功能来看，素质教育是依据人的发展和社会发展的需要，以全面提高全体学生的基本素质为根本目的，以尊重学生的主体地位和主动精神、注重形成人的健全个性为根本特征的教育。

不同时代对受教育者的素质的要求总是不同的，素质教育具有鲜明的时代特征。第一，主体性。素质教育充分弘扬人的主体性，关注个性发展。第二，全体性。素质教育是面向全体的教育。第三，全面性。素质教育要求全面发展学生的生理素质、心理素质、文化素质。第四，长效性。素质教育强调培养学生的基本素质和终身学习能力，促进学生可持续自主发展。

（二）素质教育的相关理论

马克思主义人的全面发展理论关注人的"智力"和"体力"的全面、自由、和谐发展，强调人的发展的基础性素质。这一理论作为素质教育的理论基础，支撑和论证着素质教育所倡导的价值目标。素质教育还从众多的相关理论中获得了思想滋养，丰富着素质教育的理论内涵。教育学理论基于社会学和心理学的理论成果，一方面发现人的发展的可能性，一方面又揭示教育和培养人的合理性与可行性，为素质教育提供了最直接的理论支持与滋养。教育本质与功能的研究用新视角与新观点对素质教育的推进提供了更为有力的理论依据。社会学理论之学习型组织及终身学习理论，改变了人类社会的学习理念和学习模式。终身教育思想主张教育应该贯穿于人的一生的各个年龄阶段，而不是只在儿童和青少年时期。1972年，联合国教科文组织发表国际教育委员会的报告《学会生存——教育世界的今天和明天》，深刻地分析了新的科学技术革命对人类活动的影响，认为人类正在走向学习化社会，每个人必须终身不断地学习，才能适应科学技术的发展和社会的变革，终身教育是学习化社会的基石。心理学理论从多角度、多层面揭示人的潜能和素质构成，以及素质表现与实现的主体条件。比如，多元智能理论强调智能是多元化的，包括音乐智能、身体运动智能、数学逻辑智能、语言智能、空间智能、人际关系智能、自我认识智能等，对于教学来说，这些智能既可以是教学的内容，又可以是教学内容沟通的手段与目的。建构主义学习理论认为，知识是学习者在一定的情境即社会文化背景下，借助其他人（包括教师和学习伙伴）的帮助，利用必要的学习资料，通过建构意义的方式而获得的，即通过人际间的协作活动而实现。人本主义学习理论认为，学习是人的自我实现过程，它的根本目的是人的"自我实现"，学习者是学习的主体，良好的人际关系是有效学习的重要条件。另外，有些相关理论具有拓展思维、开启新视角的作用。例如人力资本理论把人作为人力资本来看，在给人的发展提出新要求的同时，也凸显了人的素质因素在经济增长中的作用；可持续发展理论从代际和本代人可持续发展的角度，要求教育对人的素质培养超越维持性状态，从而进入发展型教育的境界；生活教育理论倡导回归生活世界，关注和引导学生的日常生活问题，引领学生过有意义的生活，这有助于构建开放性课堂、生活化课程和互动对话性师生关系，为促进师生、生生间的沟通互动、交往关系的形成和升华提供了新的认识视角。

四、实施素质教育过程中需要澄清的若干认识问题

自20世纪80年代中期教育界提出素质教育的概念以来，学者们从不同的角度、不同的层面上，对素质教育的概念、本质等一些基本问题进行了分析和阐释。通过不断深入的研究，学者们在一些基本问题的认识上逐步达成共识。例如，关于素质教育与课程改革的关系，学者们认识到课程改革是实施素质教育的重要途径，课程改革的具体目标就是调整和改革基础教育的课程体系、结构、内容，构建以提高学生的素质、发展学生的个性为核心的、符合素质教育要求的新的基础教育课程体系。又如，在素质教育与教师素质的关系问题上，学者们认识到建设一支高素质的教师队伍是扎实推进素质教育的关键，提高教师素质的核心是教育理念的更新；提升教师实施素质教育的能力与水平是师资培养、培训的重点；建立优化教师队伍的有效机制是教师队伍素质整体提高的保证。再如，在实施素质教育与考试制度和评价体系改革的关系问题上，学者们认识到考试制度和评价体系的改革是实施素质教育的制度保障，因此要改变以升学率为中心、过分强调甄别与选拔功能的评价体系，建立符合素质教育要求的、具有促进学生全面发展和教师不断提高以及改进教学实践功能的评价体系，实现评价的教育功能。但同时，也有一些具体问题需要进一步研究、澄清。

有人认为"应试教育"能够培养应试素质，因而素质教育和"应试教育"具有某种一致性；也有人认为"应试教育"着眼于智力培养，而素质教育则注重思想道德和兴趣特长。这些看法存在偏颇。实际上，素质教育和"应试教育"表现了两种截然不同的教育价值观。"应试教育"体现了以应对考试和进行选拔为基础的教育的价值取向。它只重视少数学生，只教授对应考试的

知识，强调这部分知识内容的唯一性，忽视教育规律和学生身心发展规律，从而造成学生片面、畸形的发展。素质教育则以提高学生的全面素质为宗旨，它着眼于学生的发展，促进每个学生的发展是基础教育尤其是义务教育的宗旨；素质教育承认发展的多样性，倡导个性发展；素质教育认为发展的动力是内在的，强调发展的主体性，且注重潜能开发。在教育内容方面，"应试教育"以应试、升学为目标设置课程、安排教学内容，阻碍了学生的全面发展和特长发展；素质教育着眼于人的素质的全面提高，以完整的素质结构为核心设置课程、组织各项教育教学活动。在教育方法方面，"应试教育"无视学生的主观能动性，强调知识灌输，忽视培养思维能力和动手能力，倾向于死记硬背，学生负担重；素质教育注意调动学生学习的积极性、主动性，引导学生形成好的学习方法和习惯，在学习中培养能力。在教育评价上，"应试教育"仅以考试分数和升学率作为评价指标；素质教育以综合素质提高和教育教学的整体效果来全面、合理、科学地评价教育质量。

1. 考试与"应试教育"

有人认为，实施素质教育就得减轻学生负担；减轻学生负担就得取消考试，即素质教育就是非考试的教育。这种错误观点是把素质教育与考试对立起来，从一个极端走向了另一个极端。诚然，素质教育提出了对现有的考试制度、考试目的、考试内容、考试形式等进行变革的要求，但不是说素质教育不要考试，而是要使考试充分发挥其对教学的诊断和促进发展的功能。"应试教育"以选拔为宗旨，以把少数人从多数人中选拔出来为唯一目的，其指导思想是功利主义。由于实践中人们模糊了教学评价的质的规定性，把它直接异化成选拔意义上的概念，于是，以选拔为宗旨的考试就成了各层次的教育教学实践者及学生和家长评价教育教学质量的唯一方式，从而导致人们对"应试教育"的"追捧"。因此，要明确考试作为教育评价的一种具体方式，其主要功能是促进教学，即检查学习情况和教学效果，甄别与选拔只是它的附属功能。

2. 素质教育的升学率

在素质教育实践过程中，一些学校认识不足，担心进行素质教育，教师就会"松劲"，不再认真钻研教材、研究教法和认真备课；还担心学生过度"自由"，放松学习。社会上一些学生家长对实施素质教育有顾虑，担心不搞"应试教育"教师就不会把所有精力放在自己孩子身上，孩子的突出才能就表现不出来，成不了"英才"。似乎素质教育就是降低对教师教和学生学的要求，会影响升学率。"应试教育"的最大弊端是过分重视书本知识特别是外部灌输性知识的学习，过分重视应试技能，教学方法主要是机械训练，严重忽视学生的情绪、情感及个性发展，忽视学生自我意识和综合能力的培养，学生无法为未来而设计自己的今天。在这种状态下，学习就成为为"他人""服务"和"尽责"的负担，很难激发学生的学习动机和兴趣，导致一些少年儿童对学习、对学校、教师、家长产生逆反心理；以升学为唯一目标，是近期、短效的，不仅束缚学生潜能的发挥，限制其发展，而且"知其然，不知其所以然"的学习往往是高耗低效甚至是无效的。所以，高升学率虽然是"应试教育"的主观诉求，但却并非"应试教育"的必然结果。素质教育的本质在于恢复教育的本来意义和价值，即养成学生健康人格，促进学生全面发展。素质教育要求课程内容必须与学生的成长经验和生活世界紧密联系起来，这不但能提高学生的学业成绩，而且能让其体会到学习的快乐。素质教育是以提高人的生命质量为旨趣的教育，强调为学生探索精神和创新思维的培养、学生禀赋和潜能开发提供充足的时间和空间，使学生能在学习中体验思想、创造智慧。这有利于全面激活学生的潜能，增强学生发展的自信心和进取心，使学习成为其人生追求、自觉行动，促进学生全面、高效、可持续发展。而学生的发展，必然要求并将促进教师的发展。所以，高升学率不是素质教育的刻意追求，却是素质教育的必然结果。

3. **素质教育与发展特长**

素质教育已经实践很多年，收获不小，但在具体操作层面上仍存在一些误区，有人认为搞素质教育就是增加活动课程，搞特长教育。因此就出现了"课外搞素质教育，课内搞应试教育"的现象，一味强调减轻学生课业负担，减少学生作业时间，取消分数等。事实上，素质教育的目的是提高学生的整体素质，而不是撇开基本知识、基本能力搞另一套特长教育。素质教育同基础教育与基本知识、基本技能、基本能力的教育，以及做人做事的教育是紧密联系在一起的。活动课程仅仅是对学生进行素质教育的一个方面，不是素质教育的全部。无论是课堂学习还是活动课程，都要致力于研究怎样培养学生的学习兴趣、学习习惯、学习能力、学习方法等问题，研究怎样提高学生的心理素质、身体素质、综合能力，让学生真正在德智体美劳等方面得到发展。把素质教育等同于特长教育，是对素质教育的狭隘化理解。

五、进一步深化素质教育研究的建议

教育理念是文化的表征，也是文化的产物。从总体上看，素质教育实施还处于探索阶段，全面推进素质教育任重道远。相应地，素质教育研究还存在诸多不足，有必要对其进行系统分析和反思，特别是要立足于构建社会主义和谐社会的总体目标，突破和超越原有的思维方式，以更高的定位来思考素质教育问题，认真分析新形势下素质教育的新要求和发展的不平衡性。转型期人们的价值观念、行为取向和利益需求呈多样化，如何把社会发展的价值和人的发展价值整合起来，并进行合理调适，使其朝着和谐方向前进，这是我们需要面对的新情况和新问题。同时，城乡差距、区域差距、贫富差距问题，社会成员分化和流动问题，社会就业问题等趋于尖锐；激烈的学业竞争、就业竞争、市场竞争不容回避，教育在社会转型、文化变迁、社会分层中的作用凸显。教育只有直面现实，才能为社会发展提供有力支持。当前，构建社会主义和谐社会，迫切要求教育把提高人的整体素质放在重要位置。一方面，素质教育有了更广泛的社会需求；另一方面，在现有体制下，人们对各种考试的重视程度不断攀升，对高学历和名校学历的追求空前激烈，这给素质教育的实施带来新的机遇和挑战，呼唤着适应新形势、新任务的新的素质教育实践形态。由此看来，素质教育的具体推进以及实施策略的选择等，都有认真研究、逐步完善的必要。素质教育不是脱离现实条件的"理想化教育"。实施素质教育是教育价值目标与现实教育改革过程的统一，不应强求固定的模式，而应追求动态的和谐；应承认各地实施素质教育不可避免的差别和不同要求，坚持扎实推进，以不断缩小各地、各校之间的差距。在此背景下，科学发展观的提出适时地为素质教育建立了一个新的评价标准。

（一）完善教育理论

以往素质教育研究上的一些纷争，表现出繁多而零散的线索，论者的视角有很多偏移和不对称。我们要集中探讨素质教育理论的核心问题，明确区分核心概念、中间层次概念和边缘概念，不应将其混淆、串用，更不应以下位概念代替上位概念、用边缘概念取代核心概念。我们有必要深入分析素质教育与各相关理论之间的关系，从而确定一个有严格理论边界的教育哲学概念。素质教育是一个需要不断地充实、发展与丰富的动态的具有包容性的概念，而不应该是一个一成不变的教条式概念。素质教育理论应当根据中国教育改革与发展的实际状况而丰富与发展。要批判地继承中华民族传统文化教育成果，学习借鉴国外优秀文化教育思想，根据教育发展的新问题和新情况进行新的概括和理论创新，超越政策解释和就事论事的层次，使理论具有前瞻性和导向性。我们要找到制约素质教育有效实施的关键问题，合力攻关。

1. 研究方法理论与实践相结合

教育变革的源泉和动力在于深刻变化的生活实践和社会实践。立足现实，是素质教育研究的出发点。从素质教育的缘起看，素质教育的主张来自实践；从素质教育的存在状态来看，它既不是仅仅停留在人们头脑中的观念、概念，也并不表现为一些文章中的文字游戏,而是离不开实践的现实存在。如何使素质教育在实践中"生根开花",就成为教育理论研究者与一线教师的共同责任。所以,素质教育研究的一项重要原则是能够使理论工作者与实践工作者携手,共同探讨理念、理论与操作一体的素质教育模式。这样,一些有利于这种追求的研究方法才能受到重视,如行动研究法、叙事研究法、质的研究方法、现象学的研究方法等,因此,方法问题也是素质教育研究需要获得突破的问题之一。目前,素质教育没有获得应有效果的一个主要原因是教师的素质问题。作为教育理论研究者,不能只用哲学思辨的方式研究,还需要回到教育现象中去发现素质教育的机制。一线教师是重要的发现者和经验提炼者,同时也是将思想理论运用到实践中的中介者。因此,教育理论研究者与一线教师携手互动,共同探讨素质教育问题,才能真正推动素质教育的进程。从有关素质教育问题的争论来看,需要研究者有广博的知识背景,提倡多学科的交叉和融合。单靠教育界解决不了实施素质教育的问题,同样,单纯的教育学研究也不足以建构素质教育理论。当前,亟待开展政治学、经济学、社会学、心理学等多学科在素质教育问题上的对话和交流。

2. 研制教育质量标准

教育质量与学生的综合素质密不可分,没有教育质量观和教育质量标准的转变,就不可能真正实现"应试教育"向素质教育的转变。如何确立针对不同地区和不同学校情况的有效、合理和科学的考核评估体系,使评价成为提高教育质量、促进学生健康发展的必要手段,是世界各国正在积极探索的一项重要任务。建立新的学校评估体系是推进素质教育的要求。"应试教育"恰恰是导致目前中小学办学效益低下的重要原因。素质教育是全面教育质量观的必然要求。随着素质教育的不断深化,教育评价作为实施素质教育的一个重要的制约因素越来越受到关注,但还缺少指导教育评价体系改革的系统理论,也还缺少成熟的实践模式,教育评价思想与素质教育观念相脱节。为全面反映学生的发展状况,必须实施毕业生综合素质评价。综合素质评价结果应作为衡量学生是否达到合格标准的重要依据。20世纪末期以来的世界基础教育改革提出了政府对学校教育质量的监控与指导以及学校对自身教育的评价问题,它关系到教育质量的提升和这场持久的教育改革的成败。为此,研究新环境下的教育督导问题,融合国内外督导的成功经验,建设高素质的督导队伍已经成为实施素质教育的当务之急。

3. 从社会系统审视素质教育

素质教育不是一个孤立的、单独的存在,而是一个复杂的系统,其主张与追求的核心,是为了每一个个体生命的健康发展。不仅如此,素质教育要观照每一个个体生命，就必须将其遗传特性、生存环境的状况、个人的经验等结合起来综合考虑，因此素质教育的难度、复杂度比"标准化"教育要大得多。因此，素质教育的实施决不单纯是教育系统本身的事，也不可能由教育系统本身单独完成，而是一项涉及全社会的系统工程。这种复杂性给我们的启示是，不能以线性思维方式看待素质教育，无论是对其内涵的界定与理解，还是对其实施人员的素质能力的要求。对素质教育实施效果的评价，都不能简单化、形式化、表面化，要将素质教育放在社会系统中来研究。素质教育是一个长期的过程，不可能脱离现实的基础直接到达理想境界。要以促进教育改革和发展为目标，建立素质教育研究、教育政策、教育实践的密切联系，强调教育理论工作者的求实精神、人文关怀，决策的可行性以及教育实践者的主体创造性，创设社会各系统以及包括学生家长在内的广大社会公众积极参与支持素质教育的良好环境。

4. 挖掘素质教育的成功样态

20多年来，许多地区进行了区域推进素质教育的整体教育改革试验，积累了有益的经验，在不同地区、不同类型学校、不同层面上，有着许多不同样态的素质教育成功案例，我们需要很好地研究、挖掘、提炼、展现，以切实推动素质教育的开展。具体而言，素质教育成功样态的研究，应由专家学者与一线教师共同负责，他们应针对不同地区、不同类型的学校，从办学机制、办学条件，校长素质、教师素质、学生素质，课堂教学、校本课程开发、教育资源开发、校园文化建设家校共建、社会教育等多角度、多层面展开。同时，注重从政策、理论与实践三个层面加以推进，形成教育理论研究、教育决策和教育实践之间的互动机制，以此推动素质教育的有效进行。教育理论工作者走进学校，与一线教师互动，从教育实践经验中总结、提炼、概括素质教育理论；一线教师应在实践中不断地开拓、创新，为素质教育理论的丰富与完善提供新的经验。

六、大学生创新能力的理解

创新能力是一个大学生面临未来挑战的一个制胜法宝。如何掌握这个制胜的法宝技能，如何让一直在象牙塔保护下成长的幼苗去面临即将来临的大风大雨，在思想上意识到前方的困难。这学期的创新课让我清醒地意识到了外面世界的风云变幻，只有坚持创新、解放思想才能在未来的人才市场上屹立不倒，我们这个国家和民族才能立于世界之林的巅峰。创新是一个国家和民族持续发展的源泉和动力。创新是熔责任、勇气、方法、态度、精神于一炉的实践，是行业求得生存和发展的制胜法宝。所谓创新，概括地说，就是继承前人，又不因循守旧；借鉴前人，又有所独创；努力做到观察形势有新视角，推进工作有新思路，解决问题有新方法，使各项工作体现时代性、把握规律性、富于创造性。

创新是实践的基础，离开实践，创新便成无本之木，无源之水，经验告诉我们，创新应该一切从实际出发，以我国的改革开放和现代化建设为中心，着眼于马克思主义理论的运用，敢于摒弃不合时宜的认识、观念、做法，形成切合实际的路线、方针、政策，发展我们的事业。创新让我们的创作欲望有了新的空间，对知识的求新有了更高的热情，它能让我们的脑细胞有更活跃的因素存在，它能让我们对生活更有激情，更能体会到生存的价值。不管怎样，我们都始终要充满激情地去生活。具有创新的意识，才能让我们在工作或在生活中有所发现，才能不断提高自己，发现自己，也能从中培养自己多方面的兴趣，提高自己的知识层次。

提高大学生的创新能力有着重要的意义，增强大学生的创新意识，不断培育年轻一代的知识水平和创造性能力，是继承中国先进知识成果的首要条件，也是不断创造新发现并赶超世界先进生产力的不竭动力。唯有不断发扬创新精神才能保持民族事业的顺利开展，因此，大学生积极思考并主动参与创新活动，有极其重要的历史意义。关于大学生创新能力的培养第二章有详细的介绍，本章着重介绍素质教育在大学生能力培养中的作用及二者之间的相辅相成的影响关系。

（一）当代大学生的创新现状

根据研究，大学生缺乏创新意识和创新能力的表现主要体现在：第一，缺乏创新的观念和创新的欲望；第二，缺乏创新思维能力；第三，缺乏创新的兴趣和毅力。另外，随着网络的盛行、西方思想的传入和中国社会所面临的种种压力等问题的日益呈现，当代大学生的思想和行为活动也出现了很大的分离，譬如各种心理问题和道德修养缺陷等，这些无疑都给当代大学生创新能力的提高设置了障碍，从中国大学生的创新现状分析，不断培养大学生的创新素质，提高大学生的核心竞争力，已成为迫在眉睫的重大工程，重视培养大学生的创新能力并"紧急治疗"大学生在创新问题上犯下的"疾病"有着迫切的必要性。

1. 提高大学生创新能力的途径

（1）大学生本身

但是我们应该如何提高我们的创新能力呢？因为我们知道，一个人的创新能力不是与生俱来的，而是在后天的不断学习和训练中逐步提高和增强的。

所以，提高我们大学生的创新能力要遵循一定的方法，这样才能更加快速有效。除了国家和政府要审时度势制定出规范的创新方面的政策和必要的物质投资外，作为这项工程的主体，大学生更应该积极主动地参与到其中来，并与国家的创新体系相配合，形成呼应，拉近互动，最终为创新工程的构建共谱胜利之曲。

①利用各种方法，例如组合法、类比法、联想法等，因为创新是有规律可循的，人们经过学习和训练会使创造力获得迅速提高，创造潜能得到有效开发。这对于我们提高技术创新效率、创新水平、创新成果的产业化极为有益。

②要注意总结前人的经验和教训，前人的经验和教训是我们创新工作的基础，通过借鉴前人的工作，我们可以站在巨人的肩膀上看待问题、考虑问题和解决问题。

③注意发现和总结前人失败的创新经验，通过前人失败的经验，我们可以发现很多问题，还可以通过改变方法和途径，成功地解决一些我们目前遇到的问题。

④要学会借鉴和组合，借用别人的经验再加上自己的创新，将两者完美结合，充分利用他人经验并使之成为自己的东西，在实践中提高创新能力和创新意识。

⑤遇到问题要注意从多方面考虑，而且要持之以恒，更要养成思考的习惯。只有这样，创新才能在不知不觉中出现，单纯地为创新而创新，那么创新出现的可能性也不会很大。只有从多方面考虑和解决问题，才能产生解决问题的灵感，才能创新。

⑥持续积累夯实基础知识，可以肯定，良好的基础知识是创新成果诞生的良好基点。此外，针对每个人的不同情况，要提高创新能力还要做到以下几点。

首先，必须具有强烈的事业心和责任感并且要主动营造活跃的创新氛围。只有具有高度使命感的人，才会有强烈的忧患意识，才能"先天下之忧而忧"，战胜自我，不断寻求新的突破。创新氛围的营造能为创新行为提供环境支持，积极热烈的创新场景可以使大学生本身产生创新的意识和灵感，一方面，在大学里面我们大学生应该主动配合营建自己的创新团体，如宿舍文化、本机文化、社团组织文化等；另一方面我们要积极利用好大学里的各种硬软件方面的环境资源，如图书馆、实验室等，这些场所通常是培育和激发创新灵感的绝佳环境。

其次，必须用人类的文明成果武装自己的头脑，持续积累夯实基础知识。可以肯定，良好的知识基础是创新成果诞生的良好基点。优秀的创新成果都是饱含科技含量的，没有坚实的知识积累和深厚的知识底蕴，是不可能孕育出优良发明的。如果没有打下好的基础，大学生也很难真正理解高深的应用技术。因此，打好基础知识的根基，对于研究新发现起着至关重要的作用。创造性思维作为一种思维创新活动，必然要以知识的占有作为前提条件。没有丰富的知识作基础，思维就不可能产生联想，不可能利用知识的相似点、交叉点、结合点引发思维转向，不可能由一条思维路线转移到另一条思维路线，实现思维创新。

最后，要培育科学的学习习惯和思考习惯。朱清时院士在总结创新能力提高的技巧时称，出色的科学家之所以能源源不断地有新成绩，在于他们有从不枯竭的兴趣，并不断培养自己的知觉，最后聚精会神地去研究它。由此看来，新发明、新发现和发明家的思维习惯和学习精神是分不开的。这要求我们要避免受社会中的不良风气的迷惑，切实发现自己的真正兴趣，并把自己的兴趣推而广之，坚持不懈地沉醉在发现问题和解决问题的思考当中。另外，要善于用逆向思维找到问题的症结，不断培养自己的直觉，并把思维的灵感火花及时保存。

（2）高校方面

学校作为向社会输送人才的主要场所，在培养学生自主创新能力方面发挥着重要的引导作用。高校应该从教师队伍和教学体制等方面进行改进。

①学校重建对学生的评价标准。将学生的发明、制作、设计、论文、著作、竞赛等创新成果用学分纳入考核标准，是学生创新成果的一种有效的记载方法。目前许多高校在这一方面进行了有益的尝试，有些学校甚至明确规定修满创新学分方可毕业，鼓励学生参加各种形式的创造性活动。在创新学分的激励下，学生会变被动为主动，主动学习、主动研究、主动思考。学校应鼓励学生向自己感兴趣的方向发展，激发学生的创造动机，培养其创造意识和创造能力。

②教师变灌输为引导。教师要摆正自己在教学中的地位，教师和学生是引导和被引导的关系。教师在教学中要了解学生的需要，建立宽松的课堂环境，引导学生去发现问题，筛选有用的知识，构建知识的框架，分析知识的正确性，学习并运用知识。这是一项"穿针引线"的工作，所谓"授人以鱼不如授人以渔"，教师所要传授的是一种获取知识的方法，同时要培养学生敢于质疑的品质，使学生乐于独立思考，产生自己的想法。

③开展课外创新活动。课外创新活动是创新能力培养的重要途径。高校应围绕如何提高大学生创新能力这一问题，组织大学生活动小组，提高教师参与大学生科技活动的积极性。一方面充分利用现有的国际、国内开展的学

术讨论大会和竞赛等平台；另一方面，开发具有本校特色的综合竞赛，促使各类顶尖人才脱颖而出。

④针对经济、管理类专业，校方可开展案例设计竞赛、电子模拟炒股、商务模拟谈判、创业设计大赛等有益的课外活动。通过竞赛类的项目建立起来的激励机制，有效地调动学生主动实践的积极性，促使他们去查阅资料，学习如何运用各种软件，掌握与专业相关的各种知识以及实际商业活动中的各种规则、技巧等，甚至可以给学生一个同外界接触、建立起广泛人脉的广阔舞台。

⑤提供实践平台。随着社会与高校联系的日益密切，企业、专业研究机构等与高校的合作不断加强，这种强调在广阔的社会环境里进行具体实践来培养学生实践能力、创新能力的方法也已被逐步接受。学生参与学校与研究机构的项目研究、到院校与企业建立的实习基地实习、到企业参观学习等方式，不仅可以辅助课内教学，加深学生对课堂知识的理解，拓展相关学科的知识面，协助科学研究和技术开发，而且对大学生的思想观念、道德品质、态度作风、人际交往能力都能起到推动作用。

⑥建立创新基金，组织社团。许多学生都曾经历过有了新点子、新创意，却因为资金有限、个人力量单薄、缺乏引导等原因，而无法完成全部工作，最终不得不放弃。绝大多数学生都没有收入，高校应建立创新基金，给予学生资金上的支持，使他们有能力从事与创意相关的活动、购买必要的资料设备等。同时组织社团，不仅可以使学生以小团体的形式合作，借助集体的力量来解决问题、实现自己的想法，还为学生的交流提供了场所。此外，创新基金不能只来源于学校有限的经费，学生也可以自己去争取。当有了较为成熟并具有一定商业价值的创意时，社团成员可以与企业沟通，由企业提供资金和技术支持，共同来完成这一项目。这不仅缓解了高校的资金压力，更扩大了学生与社会的接触面，使其锻炼了自身的能力，从而丰富了高校可利用的资源。

（3）社会方面

国家经济发展形势、产业结构、政策导向、对教育的支持程度都会影响到大学生，甚至整个社会的成员的创新素质水平，因此政府在培养大学生创新素质中所起的作用是很重要的。

①加大对创新型教育的投入。任何改革都需要一定的投入，教学改革也不例外。无论是先进教学实验设备的添置、项目课题的研究经费还是各类竞

赛、创新活动开支都需要政府提供一定的资金作为保障，否则高校是难为无米之炊的。

②政府还应在全国范围内开展各类创新竞赛，鼓励新发明、新创造，营造良好的科研、发明的创新氛围，并用各种激励方式掀起全民创新热潮。

③引导高校进行创新。许多高校存在研究盲目、产学研脱钩的问题。我国科研成果不少，但科技成果转化率低，最主要的原因是产学研结合不紧密。高校间缺乏交流，导致科研项目重复，浪费了许多的资源；而高校与企业也缺乏沟通，不了解社会到底需要什么。研究出的科研成果企业不需要，自然就吸引不到资金的投入，最终导致研究工作更加困难。

④加强对高校的监督管理。国内已经为建设创新型社会做了不少工作，并取得了很大的进步。但不少高校还是安于现状，不肯做出改革，甚至挪用国家的科研经费，大建校园，进行没有实质意义的攀比。这种现象的产生与国家的监管力度不足有关。政府应严格监督高校科研经费的使用情况，并定期从学校科研成果、各类比赛获奖情况、硬件软件设施情况、课程的设置、学生的评价等各个方面来考察学校的创新推进工作。

七、结论

大学生自身创新能力的提高是件任重而道远的任务，但它对于提高我国自主创新能力、振兴民族科技和发展民族经济起着重大作用，也是提高大学生自身综合素质和建设中国和谐社会的必然要求。作为大学生，更应该刻苦学习、深入钻研，努力成为创新活动的重要推动者，为成功推进自主创新战略的实施做出自己的应有贡献。

第二节　独立学院大学生素质教育与创新能力培养的思考

随着高等教育的快速发展，全面推进高等学校大学生素质教育与创新能力培养的任务迫在眉睫，而独立学院大学生作为高等教育跨越式发展历程中出现的特殊群体，其素质教育与创新能力的培养具有自身的特点。本章内容对当前独立学院大学生素质教育与创新教育能力培养中存在的问题进行了剖析，并针对存在的问题提出了解决方案，为独立学院大学生素质教育与创新能力的培养提供了思路和参考。

一、独立学院创新教育存在的问题

（一）应试教育背景下，学生创新能力不足

在我国长期应试教育背景的影响下，学生的创新能力发展受到制约，学生的创新意识淡薄。很多学校以考试作为考核的手段，其存在诸多弊端。以考试结果作为考核教师教学水平的重要依据，导致教师以学生获得高分为教学目标，难以兼顾学生其他能力的培养。学生以通过考试为终极目标，考试获得高分成为升学、评优的唯一依据。学校也不得不更多地关注学生成绩，以获得更高的社会的认可和知名度。

在考试内容上，注重对知识的再现，考察学生的记忆能力，不能通过多种形式考查学生的创新能力和创新思维。应试教育忽视学生主体作用，唯书、唯分，形成应试教育的怪圈；忽视个体的差异性，不注重学生的个性发展，从而导致学生创新能力不足。

（二）课程设置、授课方式因袭传统

独立学院作为新兴的办学模式，历史较短，其专业设置、课程设置、教学管理等继承了母体高校的传统。我国高等教育课程设置比较单一，授课方式以"教师讲、学生听"为主。重传统的讲授而轻能力培养，严重抑制了学生的个性和创造性。独立学院也不可避免地存在这方面的问题，不能根据课程和学生的不同特点而采取不同的方法，创新教育形式单一。

（三）创新教育师资力量薄弱

目前，我国的独立学院的师资队伍由母体高校及其他高校的兼职教师和学院自身的专职教师构成，其中专职教师多为研究生毕业后直接进入高校教学，缺乏专业领域的实践经验。由于绝大多数独立学院为民办机构，学校性质、发展前景、薪酬待遇等与公办院校存在较大差距，与公办院校教师相比，独立学院的专任教师学历层次低、科研能力低、流动性大。同时，独立学院绝大部分以教学型为主，教学任务重、工作量大，教师的主要精力都放在教学上，科研、实践时间明显不足。

（四）实践、实训环节薄弱

我国高校对学生实践、实训环节重视不足，办学规模扩大之后，学生社会实践形式单一、实习基地紧张的问题日益突出。独立学院在近十年的发展中，实验基地和实训基地在母体高校和合作企业的支持下得到长足发展。当然，也不乏一些独立学院不能满足需求，只能与母体高校共享。但是，面对大规模的在校生和专业对学生实验、实践、实习、实训环节要求的不断提升，

很多独立学院难以满足学生的需求。

（五）创新能力差

创新能力表现为认知分析和创新动手能力。大学生普遍存在对创新能力认识不足的问题，在学习过程中，只注重书本知识，不注重动手能力和创新能力的培养。创新意识和心理品质较弱。用人单位普遍反映，现在的很多毕业生都具有各种英语、计算机等级职业技术能力，各科成就很优秀，成绩名列前茅，各类奖项，各类证书证明学生的成就。但是在实际工作中，动手能力太差、团队写作能力差、沟通能力差、不符合企业要求，是常见的问题。

（六）创新意识薄弱

创新能力欠缺，心理素质薄弱，有了明确目标，但是缺乏动力去实现，成才及成就意识差，再加上对于所读学校及专业不满意，产生了心理落差，这使大部分学生产生了排斥心理，创新能力更难培养与塑造。

（七）合作交际、表达能力不强

在实际工作中，毕业学生常常难以应付日常工作的各种交际与合作，不能灵活处理相关事宜。团队合作、团队推广合作较难开展，特别是部分毕业生缺乏适合企业标准的沟通能力。

（八）"多元智能"能力水平不协调，处于较低水平

语言智能、逻辑数学智能较弱。强化的应试教育培育了单一的语言和数理逻辑能力，但忽视了学生其他方面潜能的发掘和训练，缺乏动手能力培育，实践能力的培育也缺少培育平台；视觉空间智能、音乐智能、肢体运动智能缺乏培育空间。绘画、音乐、舞蹈和运动方面有兴趣，但没有空间发挥。虽然三本独立院校的学生的能力和自信普遍不逊色于二本以上院校的学生，但人际智能、自然观察智能偏低，且自我反省智能较弱。原因在于有些学生为独生子女，以自我为中心，容易产生人际交往障碍。有些学生自我反省智能较弱，在学习和生活中没有计划性，因而也没有短期和长期目标，学习、做事全凭一时的热情，很容易受到外界环境的影响，且很容易中途放弃；一旦失败，他们往往习惯于放弃原来确定的目标，极少反省自身的问题和不足，耐力、自信心较差。

二、培养独立学院学生创新能力的途径

（一）高度重视学生创新能力的培养

推行创新教育、培养创新人才，最重要的是树立创新的教育思想。创新

能力包括创新精神和实践能力。创新精神是一种精神境界，关键在于对创新氛围及过程的亲身经历和感受，直至升华；实践能力的培养与提高不能脱离实际训练条件的支持。培养具有创新精神和创新能力的人才，必须建立和完善着眼于开发人的潜能、培养人的个性、活跃人的思想的教育体制。全社会、各级教育主管部门、独立学院要充分重视学生创新能力的培养，健全创新教育的体制、机制，从思想和观念上树立创新意识，为学生营造良好的创新氛围。

（二）完善课程设置，使授课方式和考核形式多元化

课程设置要做到理论与实践并重，在兼顾专业理论课程的同时，增加实践、实验课程的比重，使学生有充分的动脑、动手的机会，发散思维，培养创新能力。在授课方式方面，要坚持课堂授课与课外学习相结合的方法，改变传统的灌输式授课方法。教师根据课程特点，选择不同的授课方式，采取开放、互动式教学，以素质和能力的培养为中心；课上教师应针对学生问题进行讲授，鼓励学生自由提问，重视与学生的互动和交流，提高学生课堂参与的积极性。在考核形式上，实行多元化的考核方式，将课堂发言、讨论、作业、论文、课程相关竞赛、实践水平、学生思维能力等纳入考核范围。

（三）加强师资队伍建设，培养"双师型"教师

要培养学生的创新能力，教师必须首先具有创新能力。教师的创新能力不仅表现在知识的创造上，还表现在知识的传播过程中，包括教学监控能力以及教学行为与策略等方面。注重引进有专业相关领域工作经验的人才，将既有理论基础又有实践经验的"双师型"教师作为教师引进的重点。支持现有教师利用工作之余参加企业实训、校外培训，将理论与实践相结合。鼓励有能力的教师进行创新能力教育的理论和案例研究。要求教师培养创新教育意识，并将其融入授课当中。举办各类授课竞赛，开展公开课展示活动，对创新能力教育做得好的教师进行表彰和宣传。在考察考核、职称评定、评奖评优等工作中，将创新能力培养作为考核内容，提高教师参与创新能力教育的积极性。

（四）推进政产学研相结合的教学模式的开展，全面培养学生的实践创新能力

产学研合作教育模式由美国辛辛那提大学工程学院教务长赫尔曼·施耐德于1906年开创。鼓励独立学院同政府、科研机构、行业企业开展深度合作，促进资源共享，建立政产学研一体的培养模式。独立学院既要坚持把业界的著名专家、研究人员、高级管理人员等聘请到学校担任兼职导师，让他们指导教学，又要把学生输送到企业，使他们在工作岗位中进行锻炼，为创新人

才的培养提供理论和实践的舞台。

（五）通过学科竞赛、校园活动等丰富形式开启创新之门

将竞争机制引入高校创新创业教育，鼓励在校生参加全国各级各类学科竞赛、创新创业类竞赛活动，在竞赛中激发学生的创新意识。通过举办创新创业大赛、学术交流、讲座、科技类社团、课外实践等方式，丰富学生的创新创业知识和体验，营造良好的氛围。

（六）构建系统的评价体系和评价机制

对于创新教育取得的成效，要形成良性的评价机制。上级教育主管部门、独立学院要根据实际，建立行之有效的创新教育教学质量监控评价标准和评价体系。同时，引导社会第三方参与创新教育成果评价，将创新项目设立、学生创新能力等作为评价内容，使创新能力教育得到全社会及独立学院的充分重视，将创新能力教育作为评价独立学院办学能力的重要方面。

三、小结

我们要提倡知识、能力与素质的协调发展，具有较高的专业技能、创新能力、实践能力、竞争能力、合作能力的应用型人才是社会需要的人才培养方向。会生存、会学习、会创造是独立院校在竞争激烈时代培养人才的教育目标。学校、教师要在时间和空间上搭建合理的平台，运用多元智能理论对学生的创新能力进行培育，它可以作为独立院校长期培养创新性人才的标准之一。这样才能更好地发挥学生的优势，培养学生的创新能力和实践能力。

第三节 素质教育在大学生创新能力培养中的重要作用

随着素质教育思想的推广，创新教育在其中扮演的角色越来越重要。创新教育与素质教育之间存在着密切的联系。本节论述了在素质教育开展的背景下，创新教育的重要性以及如何推广创新教育的问题。素质教育已成为高等学校教育的重要任务，而培养具有创新能力的高素质人才也成为高等教育的目标。本节采用了文献资料法、专家调查法等研究方法，在梳理素质教育中培养创新能力的意义和影响因素的基础上，挖掘其存在的问题，为高等学校如何培养具有创新能力的大学生提出合理化的建议和对策，也为相关科研部门提供了具有参考价值的依据。

一、素质教育在中国的开展

追溯起来，素质教育思想应当发源于20世纪20至30年代。著名教育家陶行知提出的很多教育思想是与素质教育思想相通的。他的教育思想包括以下内容：生活教育思想，即给生活以教育，用生活来教育，为生活而教育；普及教育思想，如"我们普及的教育，不是少爷教育，不是小姐教育，不是'政客教育'，而是'平民教育''劳苦大众的教育'"；创造教育思想；全面发展教育，强调关注学生的身体和精神的全面发展。新中国成立以来，特别是改革开放以来，在全党、全社会和广大教育工作者的共同努力下，九年义务教育取得了历史性的进展，职业教育、成人教育和高等教育发展迅速，国民受教育的年限和水平显著提高，为社会主义建设培养了大批合格的劳动者和各类专门人才，我国积累了丰富的教育工作经验，初步建立起了以邓小平理论为指导、具有中国特色的社会主义教育体系。但是，面对21世纪的严峻挑战，我国的教育还存在不适应形势发展的问题。对此，国家召开了第三次全国教育工作会议，会议通过了《关于深化教育改革全面推进素质教育的决定》。之后，江泽民同志发表的《关于教育问题的谈话》，不仅对当前教育存在的问题给予了精辟而深刻的论述，而且还为新时期我国的教育改革与发展提供了方向和思路。目前，《国家中长期教育改革和发展规划纲要（2010—2020年）》的颁布，说明素质教育已经成为教育改革中一个最为重要的环节。几年来，素质教育在全国教育系统中的大中小各个级别学校中得以贯彻，素质教育的理念已经深入到教育实践中去。从2002年9月开始，全国约有63所高校开始了"大学生素质拓展计划"试点工作，其中以北方的著名大学居多，如北京大学、清华大学、人民大学等。"大学生素质拓展计划"以培养大学生的综合素质为目标，要求大学生在德智体美等方面能够均衡发展，成为真正意义上的"四有"新人。作为国民教育的基础，中小学担负着素质教育推广和深化的重任。从20世纪末开始，教育部和教委等相关部门先后通过了《关于当前积极推进中小学实施素质教育的若干意见》等一系列的文件，对中小学素质教育的调整原则和方向、评估体系和考试要求等提出了指导性的意见。这些文件指出要认识到"应试教育"的弊端，积极进行教育改革，着眼于受教育者及社会发展的要求，面向全体学生，全面提高学生的素质。那么素质教育在中国推行的效果如何呢？有调查显示，素质教育是我国教育现代化进程中的大势所趋、人心所向，大部分师生已经接受素质教育的理念。同时，我们可以发觉应试教育的历史惯性依旧存在，部分学校对素质教育仍然存在着阳奉阴违的现象，素质教育的真正实施仍然要有一段路要走。

二、素质教育的重要意义及在大学生创新能力中的作用

素质教育是依据人的发展和社会的需求，以全面提高全体学生的基本素质为根本目的，遵循学生的心理与生理特征和个性差异，充分弘扬人的主体性，注重开发人的智慧、潜能，注重形成人的健全个性的教育，其实质是，对人的自身加以开发、塑造，以适应和推动个人与自然，个人与社会之间的不断发展，它的提出是相对于"应试教育"而言的，"应试教育"是为了提高应试者的分数而脱离人和社会的实践需要，以争取考试高分和片面追求升学率为根本目的的教育，而基础教育必须由"应试教育"向全面素质教育转变，这是我国教育改革和发展所提出的迫切要求，这是一个落实跨世纪宏伟目标的全局性问题，一个影响到中华民族生活和发展的关键问题。

（一）端正教育思想是素质教育的关键

素质教育是一种教育思想和教育观念，它的提出有利于端正教育思想和观念，有利于培养全面发展的人才。

思想是思维活动的结果，是行动的先导，任何实践活动都是在人的一定思想、观念、心理的支配下进行的，教育思想源于教育实践，反过来指导教育实践，并在实践中得到检验和发展，正确的教育思想指导下的教育实践会因为方向的明确、方法得力，顺利而有效地进行，反之，错位的教育思想就会把教育工作引向混乱，甚至使其误入歧途。因而抓住了端正的教育思想，也就抓住了实施素质教育的关键。

首先，要确立教育在我国社会主义建设中的地位，努力提高全民族的思想道德和科学文化水平，这是实现我国现代化建设的大计。

其次，必须全面贯彻党和国家"教育必须要为社会主义现代化建设服务，必须与生产劳动相结合，培养德、智、体全面发展的建设者和接班人"的教育方针。21世纪所需要的人才是德、智、体全面发展的人才，而素质教育是一种全面和谐的教育，它不但要求学生具备一定的文化素质，同时还要求学生必须具备较高的品德素质，身体素质和心理素质，这四种素质是一个密不可分的整体，它们之间相互融合，互相渗透，互相联系，互相贯通。

最后，认真落实关于"教育要面向现代化、面向世界、面向未来"的指导思想，这既反映了建设具有中国特色的社会主义对教育的客观要求，又把握住时代特征和对世界未来的科学预测，"三个方面"指明了我国教育改革与发展的战略方向，是新时期发展我国教育事业的指导方针。

总之，我们必须坚定不移地加大推行素质教育的力度，转变教育观念，要在实践中学习，边实践，边提高，边总结，使端正教育思想在实施素质教

育的过程中得以落实，没有思想的转变、观念的更新，素质教育的落实是难以实现的。

（二）素质教育能促进教育改革的深入发展

第一，实施素质教育有利于促进教学方法和手段的改革。我们以往的教学方法、教学内容和教学手段都是为了适应"应试教育"而设置的，它必然会出现这样或那样的弊端，妨碍全面的素质教育的进一步提高，所以现行的教学方法、教学内容、教学手段的改革也势在必行。

第二，实施素质教育有利于开展"个体教育"与"主体参与"相结合的教育。个性是客观存在的，是一种主体性价值存在，而素质教育在于突出对学生个性的培养与发展，并使之成为塑造个性的立足点，对培养学生独立思维品质和独立创造能力是十分有益的，只有充分发展个性教育，才能更好地培养学生的自觉性、积极性、独立性和创造性，才能摆脱单纯应试和片面追求升学率的影响。

第三，有利于贯彻执行可持续发展战略和创新教育。可持续发展的概念是在联合国世界环境与发展委员会上提出的，追求可持续发展是人类发展观的一个根本改变，其核心是人的自身发展。

党的十五大针对我国的社会主义建设提出了可持续发展的战略方针，使教育的使命不仅是教人谋生，教人通过向大自然索取而获得改善自身生活的条件，它已扩展到教给人们具有认识自然与自然和谐共处的能力和意识，具有识别和处理人与人之间关系的能力，具有良好的社会道德能力，为创造一个美好的社会而努力，很显然单一的技术人才不可能实现社会的可持续发展，所以只有着眼于学生的可持续发展，才能为21世纪培养合格的人才。

创新教育是培养学生的创造力，注重学生的创新素质的现代化教育，创造力是指对已积累的知识经验进行科学的加工和创造，产生新思想、新成果、新产品的多种心理能力形成的综合能力，而未来社会需要有创造创新能力的人才，我们应精心培育具有创造思维能力和具有鲜明性格的跨世纪的创造人才，掌握高、新、尖端技术，抢占世界科技的制高点，相反我们若不在培育创新型人才上下功夫，在21世纪竞争中就会失去竞争资格。

第四节 几种不同类别的素质教育及其对大学生创新能力培养的影响

一、大学生个性教育对大学生创新能力的思考

（一）大学生个性教育的内涵和特征

所谓"个性化教育"是面对独特的生命个体，通过适合每个独特生命的手段，发掘个体生命的潜能，促进个体生命自由发展的教育。研究者指出，个性化教育具有下列特征：认同个体生理基础的差异，重视学生的个性在教育中的中心地位，注重学生的自信心、独立意识、创造性、主动性、创新性、向权威挑战的精神及综合能力的培养，强调在个体活动的场所，努力为其创造条件，使个体充分地发展潜力、智力、创造力，展示个性，造就有创造性的有价值的个体。

大学生的个性教育实际上是素质教育的拓展和延伸，它与创新能力培养有着十分密切的关系。大学生个性教育强调的是学生的素质在各方面都达到或超过基本标准后，再求得某些方面的专门性、特长性发展。其核心是培养大学生的创新精神、创新意识和创新能力，最终目的是培养出创新人才。

每个人都是独特的，17世纪德国著名的哲学家莱布尼茨说："世界上没有完全相同的树叶。"个性是可以认识、把握的，个性是可以改变的，个性修养和教育是无止境的，这奠定了大学生个性化教育的必然性和可行性。处于国民教育体系最高层次的高等教育，在大学生个性化教育方面既有着理论依据，更有着现实的需要。我们认为，大学生个性化教育与传统教育相辅相成、不可分割。相对于全面发展的教育而言，个性化教育不单纯地讲差别性，还在培养个性的共同性的基础上去发展其差别性。相对于素质教育而言，个性化教育包含在素质教育之中，发展个性是素质教育的重要目标，素质教育的核心追求是个性发展，没有个性化教育就不可能有真正意义上的素质教育，但不能离开素质教育去发展个性，而应在素质教育中培养个性、弘扬个性。相对于大众化教育而言，高等教育大众化与个性化教育统一于人才培养这一中心任务。个性化教育并不是无视高等教育大众化阶段学生数量增多这一现实，并不是要否定集体教学，而是着眼于现实国情，全方位、多层次、宽领域的培养、塑造满足于社会发展需求的各类人才。

二、大学生创新能力培养中的个性化教育

（一）大学生创新能力的构成及培养

创新是人类特有的认识能力和实践能力，是人类主观能动性的高级表现形式，是推动民族进步和社会发展的不竭动力。创新意味着改变、付出、风险。大学生创新能力主要包括创造想象能力、创造思维能力、组织与实施某种活动的能力、创造性的计划能力。在巩固已有知识的基础上独立学习、独立思考、独立研究，从而获得知识、取得新的突破和新的成果，这是大学生应该具有的创新能力。正像爱因斯坦说的那样："我认为学校凭借恐吓、压力和权威管理学生是一件最坏的事，它破坏了学生深挚的感情、真诚和自信，它养成了学生驯服的性格。"

大学生创新能力的培养需要一个宽松的环境，如家庭环境、学校环境和社会环境，更需要大学生本身的创新意识和创新观念。其中，实施大学生个性化教育是培养大学生创新能力的必由之路。

（二）目前大学生创新能力培养存在的主要问题

一是大学生创新能力培养受到传统教育教学观念的制约。教育的核心是培养人才的创造思维和创新能力，而善于发现问题并提出问题是创新的前提。但传统的课堂教学以教师讲为主，教与学相互分离，没有师生互动。在这样的教育教学模式的影响下，大学生不愿意提出问题，质疑意识薄弱，创新能力不足。其根源在于我们的教育方式过于注重共性，对学生的个性重视不够。这种教育方式培养出来的学生必然缺乏独立思维能力和创新精神。

二是大学生素质教育中忽视非智力因素的作用。在高校培养大学生创新能力的过程中没有足够的重视非智力因素的培养，创新素质是一种综合素质，非智力因素同样起着重要的作用。

三是大学生创新活动的激励机制不健全。多数高校只是空谈大学生科技创新，停留在表面上的各种科技竞赛、课外学术，以"点"带"面"的工作做得不够，没有抓住竞赛中的"点"来吸引和带动更多大学生参与创新活动。

四是大学生缺乏对创新的准确理解。部分大学生对创新产生了畏惧，觉得创新具有很高的门槛，认为自己不具备创新的知识和技能，导致其信心不足，以消极的态度对待教育教学安排和各种创新活动。

（三）个性化教育对于大学生创新能力培养的意义

我国需要对大学生进行创新能力的培养。《国家中长期教育改革和发展规划纲要（2010—2020年）》提出："创新人才培养模式。适应国家和社会

发展需要，尊重教育规律和人才成长规律，深化教育教学改革，创新教育教学方法，探索多种培养方式，形成各类人才辈出、拔尖创新人才不断涌现的局面。"党的十八大报告中对于科技创新的重视和论述，给大学生创新能力的培养提出了新的要求，表明了我国高校大学生创新能力培养的重要性和紧迫性。作为国家高级专门科技人才库的高等学校，应该加强大学生科研素质的教育和创新能力的培养，努力用科技创新推动国家社会的发展。我们应该看到，个性化教育是创新能力培养的条件，没有个性化教育，创新能力培养也就无从谈起。个性是创新的基础，没有个性就没有创新；个性的核心是创造性和主体性，培养具有创新精神和创新意识的个性品质是创新教育的核心，而创新能力的培养也有利于个性的发展。

一般来说，个性化教育有两个"基本点"：一是强调以人作为教育的出发点和归宿，着重于大学生人格的塑造和综合素质的提高，通过素质教育发展学生个性；二是强调人的自我实现及个性优势的发展，这意味着我们要促进大学生创造潜能的开发。因此，大学生的创造性与个性有着密切的联系，只有充分发展大学生的个性，才能培养大学生的创造能力。

社会经济发展对多样化人才的需要迫切要求改革现行高等教育，开展体现时代精神、具有生命力的大学生个性化教育，奏响教育改革与发展的主旋律。个性化教育对教育者而言，是重视因材施教，帮助学生发展优良的个性品质，抑制和克服那些不良的个性品质；而对学习者而言，则是鼓励其各显神通，发展创造性。

大学生创新能力的培养是提高自我、发展自我的需要。"21世纪的社会是一个创新的社会、竞争的社会，以技（指先进技术）取胜，将取代以劳（指廉价劳动）取胜；以智（指智慧）取胜，将取代以资（指物质资源）取胜。"要适应未来千变万化的世界，大学生需要从学校得到的不仅仅是知识，更是综合能力的提升，特别是创新意识和创新能力的提高，这样才能在未来社会中以不变应万变。

如今的高校从社会的边缘步入到社会的核心，高校作为创新能力人才输出的重要阵地，已经从圣地式的象牙塔融入庞大的社会系统中。然而部分高校毕业生难以融入社会这个大的系统中，造成这种现象的原因固然是复杂的，从大学教育的角度分析，不难得出，这主要是由于过弱的文化陶冶、过窄的专业教育、过重的功利导向和过强的共性制约所造成的。而创新素质培养的缺乏恰恰是它的突出表现。对于培养具有创新能力的人才，高校有更多的责任。高校在加强大学生个性化教育中应从以下几方面着手，要处理好四个关系。一是发展个性和加强"双基"的关系，只有在掌握基础知识和基本技能的基础上才能形成丰富的多样化的个性。二是培养个性与发展创造能力的关系。个性化教育必须实行知识、技能教育与培养创造力三位一体的教育，把重视创造能力的培养作为核心特征。要把培养个性与发展创造力结合起来，充分发挥学生的个性，这样才能更好地培养学生的创造能力。同样，充分重视创造力的培养，也就会促进学生的个性发展。三是发展个性与培养"团队精神"的关系。在发展个性的同时，必须注重培养集体意识和团队精神。四是强调个性化与面向国际化的关系。培养学生从国际角度出发，既能保持我国传统文化的个性，又能深刻理解多元文化的优越个性的能力。既有立足本国文化的个性，又有放眼世界的胸怀。

1. 要彰显学科专业特色

培养有个性的学生，学校要有特色，要有特色的学科专业。我国高校中有专门的美术学校，比如中央美术学院、中国美术学院、天津美术学院等等，高等美术类院校中每个学院都有自己独特的专业，比如绘画、艺术设计、雕刻、陶瓷艺术、网页设计等。这样的学科特色不仅能满足学生的兴趣，而且能够让学生的学习深造更加有深度和广度，培养出的学生才能更专、更强、更加富有个性特征。

2. 要发掘教师的优势潜能

每个学生都是有潜力的，每个学生身上都有属于自己的"闪光点"，这是教师应该有的观念。教师要学会帮助学生挖掘自己的优势潜能，不仅要关注学生的智力因素，更要关注学生的非智力因素，塑造学生的个性人格，指导学生做好相应的职业规划。这部分教师可以是学校的代课老师、辅导员、班主任，甚至可以是院领导或者校领导。教师应该采用多种办法，比如通过心理拓展活动、师生交流会（博客、QQ、邮件等）、野外训练、校内社团活动等方式，观察和发现学生身上的优质潜能，并做出相应的说明，制定出个性化的培养方案，确定培养方向，对其进行长期的跟踪和指导。

3. 要强化实践教育活动

创新是一种思维，它源于实践。通过实践，学生才能有自己的切身感受，才能更好地了解社会、认识自己，挖掘自身的潜能，培养自己的个性。学生只有在实践中才能有自己独特的思考，才会有创新的底蕴。学校在教学环节中可以增加些许的实践活动，比如创新性实验规划、针对性的实习、各种结合专业的创新型比赛、调研活动等。在活动和比赛中，学生富有竞争意识，通过比较发现自己的潜能和特长，增加自己的自信；活动之外，更应该发动活动中表现出色的人，让其创新意识、创新思维影响更多的人，可以鼓动其做一些类似技能或者创新方面的讲座，以"点"带"面"，带动全员创新。

4. 要推进教学方法的创新

"授人以鱼，不如授人以渔；授人以渔，不如授人以欲"，在教学中，摒弃传统的教与学的模式，教师应该注重教学方法的传授，更应该激发学生的学习兴趣，比如在教学中留下一部分主观性强的内容给学生，让学生有展示的空间，运用自己的想法创造性地解决问题，逐渐地培养自己的创新性思维。在这个网络盛行的时代，我们可以充分利用网络工具，如微博、微信、QQ、人人网等进行教学，与学生在虚拟的空间中沟通交流，创造一个平台，让学生充分发挥言论自由，发表自己的观点，抛出富有创新性的话题，聚拢大家的智慧，进行"头脑风暴"，在头脑风暴中各种创意性的想法、点子逐渐溢出，将创新引入到生活中的每个角落，打破学生对于创新的畏惧。类似于这样的教学方式、教学方法依然有待广大教师的总结和挖掘。

基于在不同历史时期其内涵和主题得到不断丰富和拓展。当代个性教育的核心主题无疑是对个体的创造性教育和培养，这与高等教育的本质要求相一致，顺应了时代的要求和呼唤。因此，高校必须转变教育观念，尊重个性，因材施教，实施个性教育，创设适宜的教育教学环境，构建既有利于大学生个性发展，又有利于其创新能力培养的教育教学体系及体制，这是培养大学生创新能力的现实选择。

三、艺术素质教育对大学生创新能力的培养的思考

（一）问题的提出

近年来，大学艺术素质教育日益受到重视。其中的原因是多方面的，但它有利于大学生创新能力的培养却是引起人们研究兴趣的重要原因之一。21世纪是迫切需要创新能力的世纪，这已经得到越来越多人的认同，也得到了科技界、教育界、经济界的理论支持。第一，当今时代有两个鲜明特征：一是21世纪是知识经济时代，其价值的实现关键在于知识的生产率，而知识生产率又取决于创新（包括知识创新和技术创新）的速度。二是综合国力的国际竞争日趋激烈，而创新能力是一个国家和民族的核心竞争力。第二，马克思主义学说指出，人不仅作为社会发展的手段而存在，人还是社会发展的目的。社会发展到高度文明和自由的今天，每个个体都有权利去追求自我的实现和更富有创意的生活境界。如果他想对社会有所实质性贡献，并使自己的生活也多姿多彩，他就必须具备很强的创新能力，并做出相应的创新成果。总之，社会因创新而进步，因创新而发展。个人因创新而成功，因创新而成就完美生活。因此，创新问题一直是近年来国家关注的热点问题。2006年3月份召开的全国人大第十届四次会议中通过的《中华人民共和国国民经济和

社会发展第十一个五年规划纲要》更是把"自主创新"提升到了国家战略的层面。即在第一篇"指导原则和发展目标"中提出了"必须提高自主创新能力。要深入实施科教兴国战略和人才强国战略,把增强自主创新能力作为科学技术发展的战略基点和调整产业结构、转变增长方式的中心环节,大力提高原始创新能力、集成创新能力和引进消化吸收再创新能力"。中国要想实现2020年进入创新型国家行列的宏伟目标,作为培养人才后备军的高等学校肩负着重大的历史使命。教育部副部长赵沁平指出,建设创新型国家,高等学校应该发挥也必将发挥重要的作用,其作用主要体现在以下几个方面。第一,为建设创新型国家、国家创新体系和全面建设小康社会,提供人才支持。全面推进素质教育,大力发展职业教育,为各行各业培养技能型人才。第二,发挥高等学校的特色和优势。要发挥高等学校人才培养和科技创新相结合的优势,推进基础研究和战略高技术研究,鼓励自由探索研究和"学术带头团队"的研究。第三,在创新文化的建设方面,建设有利于创新和创新人才培养的文化环境,推动有利于创新文化的大学文化和社会文化建设。因此,高校大学生创新能力的培养问题已成为近年来高等教育领域研究的一个热点问题,更是一个难点问题。但如何有效地培养大学生的创新能力,研究者的立足点不同,所采取的策略和方法就不一样。有从专业素质培养切入的,也有从人文素养提升方面要求的,还有从动手能力的训练展开的,等等。不过,目前越来越多的研究表明,艺术素质教育与大学生创新能力的培养有着密切的联系。艺术教育作为审美教育、情感教育,在促进个体审美能力发展的同时,也在促进着个体创新能力的发展。很多国家正是因为看到了这一点,都不约而同地把艺术教育作为衡量一个国家综合国力和能否立足于世界民族之林的重要参数。因此,我们应重视并且花大力气去系统研究艺术素质教育与大学生创新能力培养之间的关系,并通过理论指导实践,把艺术教育作为大学生创新能力培养的突破口,这不仅有重大的理论价值,且具有深远而迫切的战略意义。

  近些年来,大学生创新能力的培养一直是高等教育领域研究的热点问题和难点问题。那么,在培养大学生创新能力的过程中,艺术素质教育能否起到一个促进的作用?如果能,那么艺术素质教育又是如何来促进大学生创新能力的提高的?还有,如何实施艺术素质教育才能最大限度地发挥它对大学生创新能力培养的促进作用?这些都是本节试图回答的问题。

  (二)艺术素质教育概述

  当代的艺术教育按照性质和目的的不同,可分为专业艺术教育与非专业艺术教育。前者又分为以培养艺术家为目的的纯艺术教育和以实用为主的设计艺术教育。而本论文所探讨的是以素质教育为最终目的的非专业艺术教育，它不以艺术作为谋生手段，而是以艺术培养受教育者美的心灵和提高其全面素质为目的；学生不一定要做艺术家，却可以享受艺术人生。一般来讲，艺术素质教育是指在普及艺术基本理论的基础上，通过对艺术作品的鉴赏与批评、艺术创作等艺术活动来开启和提高人的审美能力及其他各种能力，最终使人得到全面和谐发展的活动。其中包括文学艺术教育、音乐艺术教育、美术艺术教育、舞蹈艺术教育、雕塑艺术教育、戏剧艺术教育、戏曲艺术教育、影视艺术教育等多种形式。艺术素质教育是素质教育的一个重要组成部分，立足于培养全面发展的人。就某一单方面的素质教育而言，艺术教育远不及德育、智育、体育和劳动教育那样突出、有力，但就全面的素质教育而言，德育、智育、体育和劳动教育又不及艺术教育那样广泛、整合、融通。正如尤·鲍列夫所指出的："如果说社会意识的其他形式的教育具有局部性质的话，那么艺术则对智慧和心灵产生综合性的影响，艺术的影响可以触及人的精神的任何一个角落，艺术造就完整的个性。"

（三）我国高校艺术素质教育的发展现状及主要问题

我国现代艺术教育自 20 世纪初蔡元培先生等前辈倡导美育以来，已有数十年艰难曲折的进程。近年来，我国虽然素质教育的呼声很高，但实际上有些中小学所实施的仍是应试教育，大学生虽然能以较好的成绩考入高校，但艺术素质普遍较低，多数人达不到合格的大学生应有的标准。许多高校都认识到大学生艺术素质教育的不足，纷纷开设艺术素质教育课，并取得一定的效果。但是，由于历史和现实的种种原因，艺术素质教育成果并不显著，尤其在针对大学生多种能力的培养方面存在严重的不足，这使得艺术素质教育的培养模式难以适应未来科学技术发展和专业知识迅速更新的形势。

当前，我国普通高校艺术素质教育主要在观念、理论和操作三个层面上存在着问题。首先，在观念层面上，高校忽视、轻视艺术素质教育的思想和现象还相当严重，各地区、各类型和各层次高校之间艺术素质教育发展失衡。在领导这个层面上，有些高校领导不重视艺术素质教育，不能真正贯彻国家的相关政令，如在经费方面，在经费紧张的情况下，投入到艺术素质教育部分的经费就更少，由此带来了器材和活动场地严重不足的问题。而在师生层面上，虽然大多数艺术教师对工作抱有热情和责任心，热爱艺术和教育事业，大多数学生也对学习艺术抱有较大的兴趣，乐于参加文娱活动，但由于艺术素质与就业关系不大、与毕业文凭的获得关系也不大，其成绩难以为社会所认可。同时师生对艺术在思维、情感、想象力以及人文素养培养方面等巨大作用的认识尚显不足，所以在专业与就业的压力下，由于功利意识作祟，有人认为"学生上不上艺术课，看不出有什么不同"，同时自主选修也给了一些学生不修艺术课的权利和理由，再加上教学效果得不到正确评价，这些都对教师的积极性产生了一定负面影响，学生学习也因而逐渐失去主动性、积极性。其次，在理论层面上，我国高校艺术素质教育基础理论研究严重滞后。为了开展高校艺术素质教育的研究，多数高校设立了艺术教研室或艺术教育中心、美育教育中心等研究机构，并拥有一定数量的艺术师资队伍，但学历、职称层次无法与专业艺术教师队伍相比，且对于各高校自身如何开展艺术素质教育，如开设些什么课程、使用什么教材、如何引进和培养相应的师资、如何创建艺术化的校园环境等一系列课题的研究显得薄弱，不够深入和全面。如高校艺术素质教育使用的教材和中小学相比，没有统一规范的教例，教学内容较多地受到专业教育的影响，专业艺术教育的教学内容、方式和评价标准深深地渗透在普通艺术教育之中，从而失去了普通艺术素质教育自身的特点。其实，高校艺术素质教育的开展仅仅是为了丰富大学生的校园生活，高校的艺术教育工作者应该站在科学的高度，好好研究出一套能有效促进大学生各种能力培养的艺术教育理论，让艺术素质教育真正发挥出其巨大潜力。再次，具体到操作层面上，我国高校的艺术素质教育，没有做到面向每一个学生，课堂教学也流于形式，艺术素质教育不艺术，没有发挥出艺术素质教育真正应有的效果。比如，在课程设置方面，除一部分高校，如清华、同济、山大等设必修课外，大多数普通高校艺术课程设选修课。有的高校艺术课程开设面较广，结构布局较合理，如南京大学按文学、音乐、绘画、舞蹈、戏剧、雕塑、影视七大艺术门类来设置，而绝大多数高校由于受到师资队伍和教学条件设施的制约，开设的门类很少。课外艺术类活动是各高校比较重视的方面，如通过组建艺术社团、举办艺术活动与定期的艺术节以及参加各种艺术表演、艺术竞赛，营造了校园文化艺术氛围，但是和国外高校相比，仍有非常大的差距。而作为隐性课程的校园艺术环境设计部分，我国更显得薄弱。我国很大比例的高校校园只有钢筋水泥的行政大楼、教学大楼、学生宿舍、图书馆等建筑，绿地极少，鲜有雕塑和园艺，艺术场馆更是稀少。如此这般，没有任何艺术氛围可言。因此，从上述情况来看，我国高校实施的艺术素质教育与国家制定的方针、政策尚有一定距离，存在着诸多问题。如高校普及面不够广，没有面向全体学生；课程设置面不够宽，难以全面提高学生的艺术素质；艺术与人文素质培养、艺术与创新能力培养有待密切结合；艺术素质教育管理机制混乱，需要理顺；等等。为此，我国高校需要提高对艺术素质教育地位和作用的认识，逐步建立并完善有本校特色的艺术素质教育课程体系，建立科学、有效的艺术素质教育管理机制，从而最终做到通过艺术素质教育来促进大学生创新能力等各项能力的全面培养。

（四）艺术素质教育与大学生创新能力培养的关系

1. 艺术素质教育为大学生创新能力的培养奠定了牢固的基础

（1）艺术素质教育为大学生创新能力的培养打下了物质基础

首先，艺术素质教育能促进大学生的身心健康。艺术能愉悦身心、放松心灵，消除人们在工作和学习中的紧张与疲劳，甚至可以治愈人们的疾病。所以，音乐疗法非常流行。实际上，音乐的保健作用自古以来就得到了人们的肯定。《史记·乐书》记载："故音乐者，可以动荡血脉，通流精神而和正心也。"古希腊哲学家毕达哥拉斯也明确指出："适当地享用音乐，可以有助于身心健康。"放松的身心自然为大学生创造性想象力的充分展开提供了条件。其次，艺术素质教育能促进右脑的发展。脑科学的研究表明，人的大脑左、右半球的功能各不相同。我们的大脑左半球负责理解文字、语言以及数字计算，它把复杂的事物分成单纯的要素，然后再进行有条不紊的综合概括，这就是通常所说的逻辑思维或抽象思维，而大脑右半球则负责认识空间、图形，鉴赏绘画、雕塑、建筑，观赏自然风景、欣赏音乐、舞蹈，凭直觉观察事物，纵观全局，把握整体，这就是所谓的形象思维。在传统的高等教育模式中，大学生的右半球受到压抑，导致大脑整体发展不平衡，妨碍了其创新能力的发展。而艺术素质教育能使左、右大脑得到平衡，使两者密切配合，形成高质量、高素质的思维，开启人的想象力和创造力。

（2）艺术素质教育为大学生创新能力的培养提供了思想基础

首先，艺术素质教育潜移默化地使人接受某种道德情操、精神品质、意识观念的渗透，从而使人们达到崇高的思想境界。创新是造福人类的伟大事业，要求人们全身心地投入。只有公而忘私、乐于奉献、敢于开拓的人才具有创新人格，我国伟大的高等教育思想实践者蔡元培于1935年在答《时代画报》记者问时指出："我们提倡美育，便是使人类能在音乐、雕刻、图画、文学里又找见他们遗失的情感。我们每每在听了一支歌，看了一张画、一件雕刻，或是读了一首诗、一篇文章以后，常会有一种说不出的感觉，四周的空气会变得更温柔，眼前的对象会变得更甜蜜，似乎觉得自身在这个世界上有一种伟大的使命。这种使命不仅仅要使人人有饭吃，有衣裳穿，有房子住，它同时还要使人人能在保持生存以外，还能去享受人生。知道了享受人生的乐趣，同时便知道了人生的可爱，人与人的感情便不期然而然地更加浓厚起来。那么，虽然不能说战争可以完全消灭，至少可以毁除不少起衅的秧苗了。"其次，艺术素质教育可以磨炼大学生的意志力，并使他们养成认真、严谨的作风。众所周知，艺术的学习，不论是声乐、器乐，还是绘画、舞蹈等，都是"台上一分钟，台下十年功"，没有很强的意志力、专注力、自信心，是无法有所领悟的，而经过刻苦学习之后结出的艺术之果又促使人不断去磨炼、突破和创新，追求一种"无限风光在险峰"的境界；而且，通过规范、合理、循序渐进的艺术素质教育，可以在无形中使大学生养成认真、严谨、求实、踏实的作风。

2. 艺术素质教育为大学生创新能力的培养提供了智力基础

如前所述，知识是创新与创造的起码的基础条件。相关的基础知识和专业知识是进行创新思维、培养创新能力的基本前提。没有一定数量和质量的基础知识作为支撑，创新才能将会变成毫无意义的"胡思乱想"。

首先，艺术知识本身就是人文知识的一部分。艺术是人类认识和走向文明的基本途径之一。人们通过青铜器和陶器认识了我国的古代文明；通过金字塔认识了古埃及文明；通过巴德农神殿和荷马史诗认识了古希腊文明；通过佛教认识了古印度文明。因此，艺术是人类社会生活中不可缺少的组成部分，是人类文明的精神家园，伴随着人类越过历史的漫漫长河。所以，通过艺术素质教育，能使大学生认识和领略中国几千年来璀璨的艺术文明，读懂中国传统和现代的艺术文化，艺术思想对人类发展的贡献，同时增强对世界艺术文明的了解，以丰富自我，提升修养。其次，艺术与其他人文知识也有着密切联系。艺术是生活的百科全书，哲学、宗教、道德、科学、风俗人情等各类型文化学科都在艺术中得到不同程度的表现。艺术素质教育为大学生创新能力的培养提供了环境基础。

据前面的论述，大学生创新能力培养的六要素之一就是宽松、自由的外部环境，而艺术素质教育恰恰能够很好地形成这样的一个环境。从实施的手段和范围来划分，艺术素质教育包括显性艺术教育和隐性艺术教育。显性艺术教育通常通过各门类的艺术社团及定期组织省级或校级艺术活动来实现，有明显的针对性。而隐性艺术教育指校园内五花八门的艺术社团、丰富多彩的艺术节和独具匠心的具有艺术气息的雕塑、园艺等设施对大学生所产生的潜移默化的影响，这种影响往往比显性艺术教育更具有"随风潜入夜，润物细无声"的效果。可以设想，在一个人人接受艺术教育、人人参与艺术活动的高校校园里待了三四年的大学生，能不具有一颗热情、向上、充实而求变求新的心吗！综上所述，艺术素质教育能带给大学生一个艺术的头脑、一副艺术的身体，并给他们创建一个艺术的氛围，这些都为大学生创新能力的培养打下了深厚的基础。艺术素质教育无处不蕴藏着丰富的创新因子，促进着大学生创新能力的形成和提高。

3. 艺术素质教育的丰富性是大学生创新能力培养的原动力

首先，艺术教育的丰富性可以焕发大学生的兴趣，使他们产生对自然的执着追求并作为精神伴侣作用于他们的一生。在千姿百态的艺术世界里，学生认识了自然的奥妙、生活的美好、社会的多彩，这些艺术形式和形象的可见、可闻、可感、可触，可使大学生能够不断保持对世界的兴趣，而在艺术素质教育的过程中，兴趣正是创新的原动力。由兴趣引发的极大热情，经过教师的科学引导可形成对创新活动的专注力。常识告诉我们：没有一种知识系统是在人缺乏兴趣、缺少关注的情况下建立的。学习兴趣和需要是输入知识、消化知识最活跃、最强大的力量源泉，其力量之大是一般力量无法比拟的。兴趣可使达尔文把甲虫放在嘴里，可使舍勒冒生命危险去尝氢氰酸。爱因斯坦说："只有热爱才是最好的老师。"没有最初的兴趣，就不可能发展成为执着的热爱。有了满腔热情才会有高度自觉性和强烈主动性，才会有旺盛的求知欲和永不懈怠的探索精神，才会产生克服困难的坚强意志和百折不挠的顽强精神。

其次，艺术形式的多样性使大学生接收到的信息多元、广泛、丰富、综合，从而能最大限度地开阔大学生的视野，让他们不断地从艺术中提取营养、收获创新的灵感。

4. 艺术素质教育的情感性是大学生创新能力培养的内驱力

前文已经论述，艺术素质教育通过作用于人的情感来奠定创新能力培养的思想基础。实际上，艺术情感还有更深层次的意义。

首先，艺术素质教育可以激发和强化人的创新冲动和欲望，从而丰富创新人格。所以，列宁说："没有人的情感，就从来没有也不可能有对真理的追求。"光有对生活的兴趣和热爱，要实现创新还是远远不够的，而情感是点燃创新火种的引子。艺术情感可以使人产生超常的承受力和自制力，使人排除一切干扰、身处逆境而岿然不动。这种意志力正是战胜艰难险阻，向成功高峰迈进的无穷动力。艺术作品中所透露出来的对世界上一切美好事物的向往和追求，使得大学生为了国家、为了民族、为了全人类而不断完善自己、不断突破自己，从而不断生产出可以满足自己和大家的创新产品出来。其次，艺术从来都是情感的结晶体，创新意识的前提是自信，而艺术教育的情感性可以使人产生一种从生理到心理的全方位的转变。尤其是音乐那极富感染力的情感语言，常把人们的内心从平静状态引向激发状态，从而使思维异常活跃，引发高度创造热情，人们只有进入情感领域、树立自信后，才能克服自卑、自怯、自惭等心理障碍，产生敢于创新的卓越胆识。这种创新的自信正是来自艺术情感的渗透与催化。可见，每个人都有创新潜力，只是那些心理正常的人才更容易把创新潜力付诸实践，这种心理素质就是艺术焕发的创造激情和创造的自信。

5. 艺术素质教育的独创性是大学生创新能力培养的牵引力

事实证明，具备很强的创新能力的人，往往都是很有个性的人。反之，一个没有主体意识，缺乏独立精神的人，是谈不上创新的。而在这一点上，艺术素质教育有着其他教育所不能代替的作用。如前文所述，艺术活动是一个个性鲜明、创新品质极高的活动。相应地，通过艺术的教育在促使人的个性意识与社会意识保持和谐的发展的同时，也使人的个性意识获得了自由的发展。艺术素质教育的独创属性不断地给予大学生以一种向上的"牵引力"，"牵引力"是一个物理学术语，现在也用在股票市场中，使得他们渐渐地养成不唯书唯上、不随波逐流、不追赶时髦、不趋炎附势的思维或行为习惯，从而培养出自己独具的个性魅力或风格。如果没有人的个性的充分发展，没有丰富的想象力，人就不会有创新能力。只有尊重个性，发展个性，才有利于创新能力的培养。艺术素质教育会为个性的发展提供最佳的发展环境。因为艺术使人处于一种最自由的状态，它使人的个性得以最充分的发挥。因为艺术对象存在着多义性、模糊性和不确定性，这给受教育者留下了广阔的选择空间；受教育者的心理条件具有个性特征，它受年龄、性别、后天经历、文化修养的影响，因此无法使其同一；同时，受教育者又无不以自身的独特性去自由地在审美对象中直观自身，从而产生根本无法统一的审美感受。由此看来，艺术教育不是抹杀个性，而是尊重个性、发展个性。而个性的充分发挥，又有助于激活人的创新思维，从而使人能够大胆地去想象、去创造。没有个性的展示，没有想象力和创造力，就不可能有丰富多彩的世界。所以，培养和发展个性，有利于培养和提高人的创新能力。

6. 艺术素质教育的开放性是大学生创新能力培养的续动力

开放是艺术发展的动力，变化是创新活动的前提。一个社会只有兼收并蓄，才能海纳百川、兼容万象；一门艺术只有博采众长，才能相互交融、大施异彩。一个人一旦开始接触艺术，他就必须不断地学习、不断地比较、不断地发展，所谓"艺无止境"就是如此。因此，艺术素质教育可以帮助大学生摆脱狭隘、保守、封闭与僵滞的心理和态度，使他们形成海纳百川的宽阔心胸；艺术素质教育鼓励大学生像海绵一样不停地吸收、不断地借鉴，在"拿来"中创新，在借鉴中创新；艺术素质教育能够使大学生突破传统的思维定式，同时激励学生为实现自己的梦想而不断努力。艺术的开放性使得艺术素质教育能创造开放文化观念、未来文化意向等社会环境，将有利于学生打破旧的思维模式和摆脱传统观念的束缚，活跃人的思维，帮助学生形成正确的评价标准和价值体系，为大学生创新能力的培养营造一种良好的环境。

7. 艺术素质教育的形象性是大学生创新能力培养的提升力

形象思维能力对于创新人才的培养是必不可少的，而"从对人的思维能力开发看，艺术教育是唯一从具体形象入手，建立和填补形象思维空白的学科"。艺术思维具有非线性跳跃式的特点，它能够从另一方面最大限度地扩展大学生的思维，解除传统教育中以逻辑思维为主、注重归纳的单向性思维的束缚，从而转向鼓励发散思维、形成逻辑思维与形象思维相统一、归纳和演绎并重的创新思维。首先，艺术素质教育有助于培养大学生的观察思维能力。发现问题的能力是创新能力强的人所必须具备的素质之一，而发现问题的首先前提就是要具备敏锐的观察力。敏锐的观察力不仅是对司空见惯的生活的新发现，也表现在瞬间捕捉事物主要特征的能力上。有才干者，也总是以高度的观察力著称的。伦琴发现 X 射线、贝克勒尔发现天然放射线、弗莱明发现青霉素等，均是他们具有敏锐的观察力的结果。处处留心皆学问，慧眼定能识真金。观察是模仿的基础，模仿是创新的前提，我们必须十分重视大学生观察能力的培养，但是观察能力不是天生的，也不是从天上掉下来的。它一方面需要各科专业教育的长期培养，另一方面艺术素质教育对培养大学生敏锐的观察能力有着其他专业学科所不能替代的迁移作用。试想，一个接受了良好的美术教育，从而能细致入微地观察，通过明暗、色彩、透视、解剖等造型因素，把眼中所见到的自然物象真实地描绘出来的人，他的观察能力能不敏锐吗？现实也是这样，这种学生在物理课上观察物理实验时，就比一般学生更能发现现象的细节和特点。这说明，最好的科学家并不一定是那些仅仅潜心于本专业的人，在某种程度上，对艺术学科的熟悉会使一个好的科学家的观察思维能力更加敏锐。其次，艺术素质教育有助于培养大学生的想象思维能力。人的创新潜能的开发有赖于敏锐的知觉和丰富的想象力。爱因斯坦也说："想象力比知识更重要，严格地讲，想象力是科学研究中的实在因素。"因为科学创造总要预先有个假设，然后通过实验加以验证。而人在头脑中对所创造的事物进行假设，就是想象。文艺史证明，世界上许多科学创造可以说都是得益于艺术想象的启发。当年笛卡儿借助于想象力发现了解析几何、阿基米德在洗澡时发现了浮力定律、苹果落地使牛顿发现了万有引力、魏格纳仔细观察地图后提出"大陆漂移说"、门捷列夫发现化学元素周期表、法拉第想象出磁生电并发现电磁感应规律，都是依靠了知觉和想象力，而不仅仅是逻辑推理。所以彭加勒说："逻辑是证明的工具，知觉是发现的工具。"而在培养想象力方面,艺术教育有其得天独厚的优势,这是由艺术本身的特殊功能和它的美学特点决定的。艺术是一种非语义的信息,具有自由性、模糊性和不确定性的特征,这些特征给人们对艺术的理解与演绎提供了想象、联想的广阔空间,丰富了人们的想象力。以音乐艺术教育为例,古曲《十面埋伏》通过琵琶演奏出的民族性的音乐使人联想到两军对垒的古战场,其中模仿战马的嘶鸣旋律让人仿佛看到惨烈的战争场面,由紧张、急速的旋律想象到战争给人们带来的恐惧和灾难。但这种想象并不是唯一的,每个人的联想和想象都是不一样的。音乐作品能触发受教育者运动着的感情波澜,随着乐曲的展现把人的内心世界带入想象活动的高潮,这种想象与联想不像文学作品那样受到语言的限制,也不像美术作品那样受到画面的制约,人们一旦进入这样的世界,便无拘无束,自由遨游,便会产生形形色色的幻想。其次音乐能激发冲动,音乐是一种富有感染力的情感语言,它能使人充满激情和幻想,从而使人达到思维的活跃。

古往今来,很多哲学家、文学家、教育家、艺术家和物理学家都认为,科学与艺术的结合是人类思想发展的主流,在教育过程中把科学教育与艺术教育结合起来,是培养具有良好人文精神和创新能力人才的重要途径。

四、人文素质教育对大学生创新能力的培养的思考

党的十七届六中全会指出了文化建设的重要性和紧迫性,实质上是把文化软实力定为一项基本国策。文化是软实力资源中尤为重要的一类,而人文素养是文化的一个重要方面。大学生是提高我国文化软实力的重要主体,中华民族的文化发展离不开大学生,大学生人文素养的提高是促进文化大发展的重要动力。

关于"人文素养"的定义在文献中有不少阐述,有侧重于人文知识的(如文学、哲学、政治学、历史学、法学等);有侧重于人的道德修养、思维方式、思想品味、价值取向等个人品质的,其核心是人的人生观和世界观;有侧重于人的行为方式的,表现为人的谈吐与做事的态度与方式。综合以上的观点,笔者认为,"人文素养"以人文知识为基础,内化为人的道德修养、思维方式、思想品味、价值取向、强烈的社会责任感等个人品质,外化为人的行为方式,其核心是人的人生观和世界观。

对国家来说,人文素养是民族信仰和民族精神的积淀,犹太人能够建国是因为秉承了他们永不放弃的爱国热情。对个人来说,良好的人文素养是健全人格形成的重要条件,是在人生道路上健康顺利行走的基石,是现代人在残酷竞争中保持自我与发展自我的有力保证。良好的人文素养有利于大学生

综合素质的发展，有利于大学生增强个人的魅力与自信，有利于大学生形成良好的心态，以面对繁重的学习、复杂的人际关系以及残酷的就业压力。

（一）当前大学生人文素养的现状

1. 人文知识基础薄弱，忽视传统文化

当前大学生的人文素养现状是人文知识基础薄弱，主要表现在对中国人文和历史不甚了解，对许多汉字和成语一知半解，忽视中国传统文化，不了解著名的古诗词及作者，缺乏人文底蕴，认识比较肤浅。与之相对的是，电脑上网人人都会，网络"火星文"盛行。由于用手写汉字的机会越来越少，许多大学生现在对一些汉字只认识不会写，或者根本就不认识。而另一方面，中国传统文化在海外遍地开花，最具代表意义的就是孔子学院的建立，孔子学院是向世界推广汉语和传播中国文化与国学的教育和文化交流机构。"截至2010年10月，全球已建立322所孔子学院和369个孔子课堂，共计691所，分布在96个国家（地区）。"孔子学院作为国家文化软实力传播的一个手段已成为全球的一个文化现象，中国传统文化对外国人的吸引力超过了本国民众。

2. 有些大学生心理素质较差，自我调控能力较弱，没有形成正确的人生观和世界观

近年来，一些大学生个例频频触动着人们的神经，这些个例的发生与大学生缺乏人文素养有着直接的关系。由于没有坚实的人文素养作为基石，以及将人文素养内化为自身的修养从而作用于自身的行为方式，所以才导致一些大学生在遇事后，没有应对的方式和思维，不知道正确的处理方式和途径，从而采取了极端手段。

3. 对事件缺乏正确判断，喜欢看"热闹"，缺乏思想深度

当前处于信息爆炸的社会，各种信息如潮水般涌向大学生，这些信息多以电视和网络为载体。在这些海量的新闻事件中，真实与虚假共存；所体现出的价值观，精华与糟粕共存。而大学生由于没有坚实的人文素养作为支撑，往往被事件的表面现象所迷惑，或者是抱着看热闹的态度，更有甚者是以"审丑"为乐趣，缺乏自己的判断，没有思想深度，人云亦云，在社会中随波逐流。

（二）大学生人文素养缺失的原因

1. 现实的压力和传统文化有待创新

随着社会主义市场经济的深入发展，各种各样的教育机构遍地开花，而有些大学生往往是跟随潮流、浅尝辄止。而传统文化却没有发挥出应有的魅力，这是因为，一方面迫于严峻的就业压力，大学生把精力基本上都放在了

专业上，阅读的大部分都是应试书籍，对人文方面的书籍很少涉猎；另一方面，社会上普遍缺乏对传统文化的积淀和对传统文化进行创新的大胆有益的尝试。如何把现实的压力与传统文化的创新结合起来是摆在我们面前的一个现实问题。

2. 教育水平有待提高

有些大学生漠视生命、道德缺失，这致使大学生犯罪现象逐渐增多。我们不禁要反思，是什么导致了这种现象的发生。笔者认为这与我们的教育水平有直接关系。家庭教育、学校教育、社会教育的偏颇使大学生忽视人文素养，忽视健全心理素质的形成。人从一出生就会接受各种教育，但就近年来所观察到的情况来看，人们在传授教育过程中往往忽视了一个基本准则，就是怎样成为一个合格的人，一个关爱他人的人，一个有道德的人。而我们当前的教育更多的是呈现出功利化趋向，造成有些大学生眼里只看得见自己，而这造成的后果往往是心理脆弱和极端主义，不能形成正确的人生观。

3. 社会传媒的影响

社会情绪浮躁现象普遍存在，快餐文化、眼球文化盛行。大胆的言行，不管它美丑，不管它是否符合公序良俗，往往引起人们的围观。这种浮躁的情绪，对大学生的影响往往很消极。中国的传统美德譬如谦虚、谨慎、戒骄戒躁已被一些人遗忘。一部分大学生表现出不切合实际的过度自负、自吹自擂，行为哗众取宠。记得在某电视节目举办的唱歌选秀比赛中，有些大学生带着五音不全的嗓音与夸张的行为号称能成为实力大明星的行为，让人不禁感叹他们是如何产生这种想法的。社会传媒的影响，各种"穿越剧"盛行，不尊重历史事实，胡乱篡改历史，缺乏思想与文化积淀，这对大学生了解中国历史和中国传统文化没有太大帮助。

（三）人文素质教育对大学生创新能力的影响

长期以来，我国高等学校培养的学生大部分都是知识型人才，他们在创新能力方面存在着明显的不足，不能很好地适应社会发展的需要。近年来，高等院校越来越重视大学生科技创新能力的培养与锻炼，在专业课的教育中渗透着创新理念，增设了训练创新思维的公共课程，还开展了非富多彩的课外科技活动，虽然这些方法很注重学生的理论和实践的结合，但是归根结底还是要从专业的角度去锻炼学生的逻辑思维能力以启发学生的创新思维。这些努力在前期是比较有效的，但是长远来看却难免陷入模式单一、缺乏新意、发展后劲不足的境地。

大学生创新能力培养走入困境，有一个很重要的原因就是高校一直强调专业化教育，重视科技知识的传授与专业技能的训练，而对培养和提高学生的综合素质认知不足、定位不清，忽视了人文精神的陶冶，导致学生知识面窄，知识结构不合理，人文素质不高，社会适应能力不强等问题。

那么人文素质教育到底是怎样对大学生创新能力产生作用和影响的呢？下面将重点探讨一下人文素质教育对大学生创新能力培养的作用。

人文素质教育，在大学生创新知识和积累、科技创新人格的构建和培养、科技创新思维的形成和完善、科技创新技能的训练和提高、创新意识的激发和保持等方面都具有重要的、特殊的作用或功能。

第一，人文素质教育是丰富大学生创新知识的重要途径。科技创新知识是大学生科技创新能力的工具和手段，然而大学生要提高科技创新能力仅仅掌握自己学科的知识是不够的，还需要建立庞大的知识体系。这个知识体系需要全方位、多层次的知识结构，不仅包括相关的基础知识和广博的专业知识，而且还包括社会知识和人文知识在内。大家都知道，人类进入21世纪以来，科技创新使科学技术迅猛发展，科技的发展不仅带来了经济的腾飞、社会的进步，也带来了许多的负面效应，如环境污染、能源危机、生态破坏等等。如果没有一点数量和质量的人文知识作支撑，那么科技发展将会失去价值导向。如果不是人文知识的教育，仅凭自然科学知识来进行科技创新、带动人类社会发展则会产生较大的负面效应。人文知识就是社会向前发展的灯塔，而自然科学知识则是航行在茫茫大海中的轮船，没有灯塔的指引，那么轮船就容易在大海中失去方向。

除此之外，人文素质教育是指对大学生进行文、史、哲、艺等人文学科知识的传授，使之开阔眼界、丰富思想，提升其人文素养。文、史、哲、艺等人文科学知识的具备使大学生的基础知识更加广博，知识结构也更加合理，为大学生创新能力的充分发挥夯实了牢固的知识基础。

第二，人文素质教育是培养大学生创新人格的重要手段。人文素质教育通过对大学生进行人文思想的渗透，使之在学习本专业领域的知识之际，首先树立正确的人生观和价值观，在当今复杂的社会现实条件下能自动摒弃为己、求荣的心态，运用自己的知识努力进行科技创新，发挥自己服务社会、服务人民的乐于奉献的人格力量。其次，人文思想的渗透还能让大学生在潜移默化中形成高尚的道德情操和高品位的人格修养，在创新活动中形成独特的人格魅力。

第三，人文素质教育还能够磨炼大学生的意志，使他们养成认真、严谨的作风以及积极进取、勇于开拓的创新精神，使之在创新活动中能坚持不懈、勇攀高峰。因此，加强人文素质教育是塑造大学生创新人格的重要手段。

第四,人文素质教育是增强大学生创新技能的重要方法,目前的大学生教育显然已经开始重视学生的综合素质的提高,但仍然强调专业技能,特别是针对理工科类的大学生,存在专业节能的单一化倾向。对大学生进行人文素质教育,虽然还不完全是直接扩展他们的技能提醒,但是却为他们学习更多技能提供了思想基础、知识基础、方法基础。从这个意思上说,人文素质教育的确是提高大学生创新技能的方法之一。

第五,人文素质教育是激发大学生创新意识的重要推动力,是人们的大脑对客观世界的主观反映。大学生的科技创新意识绝不是凭空产生的,它应当是科技领域的现实状况和社会的发展需求及人的发展需求在大学生头脑中的共同反映。这种反映能否存在决定着大学生创新意识能否形成,这种反映的强弱决定着大学生创新意识的强弱。

五、小结

如上所述,无论是大学生创意意识、知识、思维,还是创新的人格、技能,都绝不是单一化的,而是远远地超出他们专业知识范围的,涉及多种学科和知识。这种自身专业以外的知识积累,笔者称之为文化积淀。综合以上内容,我们可以得出以下结论:大学生创新能力的大小受制于其文化积累的多少,也就是受制于其文化积淀的薄厚。更重要的是,对于已经进入科技领域的人来说,他们的创新能力如果不能得以扩展,也将会被淘汰出局。而已有的创新能力的扩展,既依赖于对本专业最新知识的获取,又依赖于自身的文化积淀,因为这种"文化积淀"理所当然地包括了本专业以外的各种最新知识的积累。

就目前情况来看,对大学生的人文素质教育,主要还在于他们积淀各种科技创新能力所需的文化知识。其中,既有短期需要的,也有长期需要的,还有终身需要的。因此,大学生人文素质教育的重要性不言而喻。

第五章 大学生素质教育与创新能力培养的探索与实践

素质教育和传统教育是相对存在的。传统教育一直占据主导地位。随着社会的不断进步，为社会输送什么样的人才，以及什么样的人才才能适应社会的要求，一直是人们关注的话题。素质教育在这个时候显得越来越重要。当今的社会需要的是人才，尤其是高素质的技能型人才。他们决定国家未来的发展，使我国在激烈的国际竞争中始终立于不败之地。素质教育也越来越受到社会各界的重视。素质教育是一种指导性教育，是一种长期的、有目的性的教育理念。

大学生的素质教育不仅有专业素质教育和思想素质教育，还包括道德素质教育、社会素质教育、心理素质教育、身体素质教育等等。可以说大学生素质教育涵盖一个学生成长、成才过程中方方面面需要的内涵。

第一节 我国大学生素质创新教育存在的问题

当今社会就业形式多样化，市场经济的竞争也愈演愈烈，高等院校培养出的人才能否在激烈的竞争中脱颖而出，学生的素质的表现就显得尤为重要。但是高等院校素质教育也存在着诸多问题。

一、深层次的历史原因

我国一直以来的教育方式是应试教育，尤其在小学、初中、高中。升学的压力对于学生来讲一直是沉重的。在高考"指挥棒"的压力下，学校推行应试教育，过早的文理分科，学生只注重考试科目的学习，忽略对其他知识的学习和素质的培养，相当一部分学生连最起码的常识都不知道。进入大学之后，学生已经适应的应试教育被打破，出现适应不良等现象，致使素质教育的效果不大。传统素质教育在目标定位上盲目求大，部分院校甚至认为素质教育是单一的技术素质教育和思想素质教育，忽略了高等院校素质教育的多元性、内在性和稳定性。

二、部分教师专业技能不强，教学不能与时俱进

高等院校培养的就是高素质的技能型人才，因此教师的专业技能必须要过硬，这样才能更好地教育学生。部分教师的专业理论很扎实，但是在技术动手操作上，由于各种因素，比如操作的器材不足，或是器材比较老旧，所教的内容与时代脱轨，这使得学生就业之后还得从头学起，降低了学生的社会竞争力。

三、大学生自身心理素质的缺陷的原因

大学生的社会适应能力较低。相当一部分在校大学生存在着不同程度的心理障碍和心理异常。大学生心理素质欠缺的原因如下。高等院校长期对大学生素质教育的忽视，侧重于对学生政治素质的培养，从而忽视了对社会公德的培养。社会大环境下的一些负面因素，以及家庭教育出现了不同程度的偏差，致使部分大学生忽视了对文明礼貌、道德素养的培养等。还有一些院校专业设置方向向就业好的、短期市场需求大的靠拢，缺乏长远规划，从而忽视了对学生综合素质的培养。更重要的是，高校忽略了对学生内心的关怀，而且在教育的过程中，更是长期的运用哲学教育的方式代替心理健康教育，缺乏对学生健康人格的形成的指导。

从上述可以看出，对大学生进行素质教育是各个高校面临的一个极为严峻的任务。本书第三章已经很系统地对素质教育进行了分析，因此这一章就不详细地论述素质教育的相关内容了，下面着重介绍大学生素质教育与创新能力培养相结合的模式。

第二节 素质教育中加强创新能力培养的思路

素质教育对开发高校学生的智能思想、培养其良好的心理素质及优良的道德品质有重要的意义，随着国家对创新型人才的要求日益提高，各高校正致力于将培养高素质的创新型人才作为学校发展的重要理念，这也是新时期高校发展的重任。

根据我国高校人才培养的要求，确立与素质教育相结合、并体现创新能力培养的思路，需要我们认真研究并采取有效的手段和途径，以创新为原则，注重学生创新能力的培养。

一、大学生素质教育与创新能力培养相结合的途径

（一）高校招生侧重于考查学生的创新能力

高校的招生和录取，不能只注重高考成绩，以录取高分学生的数量来衡量学校质量的高低，只注重引进，而不注重培养，这样高分低能的学生会越来越多，对社会来说这反而是一种资源的浪费。高校要树立"高分并非人才"的观念，在招生录取中，既要参考学生高中阶段参加的活动，是否有重大发明、小制作及其他创新成果，又要在学生入学前测试学生的创新思维和能力，鼓励学生参加实际活动，培养其处理问题的能力；或设置情境，由学生自我思考、自我解决，改变仅凭一张考卷定高低的弊端，为高校实施创新教育奠定基础，并提供动力机制。

（二）科学设置课程体系，不断更新教学内容

课程体系应区分专业理论课与实践课的差异性，突出实践教学环节，理论课要加大案例教学的比重，体现创新教育的实质。可以多创设情境，鼓励学生自主解决，重视非智力因素的培养，要求学生能够及时关注社会的发展变化，学会主动猎取新知识的方法。随着科学技术的进步和信息化社会的发展，知识的更新速度越来越快，要求高校精选教材，及时补充和更新教学内容，充实学科的前沿知识，还可以通过拓宽专业设置，实现文理渗透、中西结合，使学生更好地掌握并利用科学技术，适应社会的需要。

（三）加强启发教育模式，改革传统教学方法

从根本上改变学生死记硬背、照搬课本的习惯，高校教师要科学设计启发教育模式，改变传统的教学方法。要积极实现由教师为主的课堂模式向以学生为主的新模式转变，课堂教学时师生应多交流、多探讨，突出学生的主体地位；学生提出的有创新思想的独到见解，教师应给予鼓励；提倡学生自学并鼓励师生之间的交流与互动；运用现代传播手段开展教学，鼓励学生充分利用网络等现代化工具，多动手、多思考，激发学生自主创新；考试也要减少对记忆性知识的考查，重视学生创新能力的考查，增加可以让学生自由发挥的试题，转换考试的固定模式。

（四）合理安排实践教学环节，培养学生的实际动手能力

通过实践让学生在独立思考的同时，活跃自己的思维。高校开展的实践性教学，可以从内外两方面展开，校内建立创新基地，定期举办大学生创业大赛，数学建模大赛等活动，组织专家评审，成绩优秀者给予物质、精神奖励；校外要加强高校与企业、社会的联系，使企业和社会能给大学生实地考察和

学习的机会，鼓励并支持学生到其单位实习、参观和考察，弥补课本知识的不足。高校还应设立专项资金，既用于鼓励学生开展创新活动，又用于学生外出实习的费用。

（五）健全并巩固创新的成果，做好相应的保障工作

营造创新环境、实现创新教育，就要真正实现由"封闭式"向"开放式"体制的转变，出台相关的管理措施和规章制度，将创新作为素质教育的核心内容，使学生能够根据个人的兴趣和爱好，构建适合自己的知识结构，充分发挥自己的聪明才智，也保证已有的创新成果能够得以推广。学校、社会还要加强联合，建立科学、有效的创新体制，共同为学生营造一个创新的环境。

大学生的素质教育，不仅要强调思想道德、文化知识，更要使其深刻领悟创新的实质，体现创新的思想。"创新是一个国家兴旺发达的不竭动力"，因此，高校的素质教育要走创新之路，才能从根本上推动高校的发展，为赶超世界发达国家的经济水平、实现中华民族的伟大腾飞服务。

第三节 大学生素质教育与创新能力培养有效结合的模式

素质教育的全面提倡始于20世纪90年代中期。但由于我国正由计划经济向市场经济转轨，素质教育并没有引起高校的足够重视，这许多高校仍将加强科学研究、推动科技创新、促进经济发展作为学校的重任，造成高校的素质教育只侧重于学生的道德教育、日常行为表现等，还不能将这些浅层次的东西与现实结合。随着社会的发展，国与国之间的竞争日益激烈，科学技术发展之迅速已达到史无前例的程度，信息化社会使社会更新速度加快，这些变化所带来的挑战使我们不得不反思国家的进步、经济的发展等关系国家前途和命运的问题，这一重任自然落到高校的头上，因此各高校应树立创新人才培养的意识，尽快培养高素质的创新型人才。创新能力的培养固然重要，但还要依托于高校的素质教育，这样才能真正体现出国家和社会创新的真谛。

素质教育不仅可以培养学生的创新能力，还可以改变目前我国高校偏自然科学知识、轻人文社会知识，重应用、轻理论的弊端，使高校的学生既有基础专业理论知识，又能根据已掌握的理论知识，主动关注世界，了解和把握世界最新的发展动态，为我国赶超世界先进的国家的科技和经济水平、缩小与世界的差距奠定人才基础，从整体上提高我国的人才质量。

总之，提高我国国民素质，推动国家的创新，必须尽快培养一大批高素质、

高质量的创新型人才。实施素质教育的过程中,不断地培养学生的创新能力,发挥我国的人才优势,掌握国际竞争的制高点,是我国面对科学技术突飞猛进、综合国力竞争日趋激烈的新时期条件下做出的必然性选择。

培养高素质的创新型人才是高校教育改革的重要内容。本章通过对创新型人才的基本特征与素质结构的分析,提出了以教育模式的改革促进创新人才培养的教育理念,进一步完善和发展了高等教育创新教育模式,实现了优秀大学生科研与创新能力的个性化发展,对新世纪创新人才的培养具有重要意义和推广价值。第三次全国教育工作会议指出,实施素质教育,就是要全面贯彻党的教育方针。因此,大力推进"科教兴国",实施"教育创新",努力培养广大青年学生的创新意识、创造能力和创业精神,造就一代适应未来挑战的高素质人才,已成为新世纪实现中华民族伟大复兴的时代要求。学校作为培养创新人才的重要基础之一,其责任显得更加重要,面临着新的机遇与挑战。

一、创新型人才的基本特征与素质结构

(一)创新型人才的基本特征

所谓创新型人才,就是具有创新意识、创新精神、创新思维、创新能力并能够取得创新成果的人才。创新型人才是社会中"新知识的创造者、新技术的发明者、新学科创始者、新路径的引领者"。其基本特征就是具备"出色"的能力,主要表现在四个方面:一是心理调节能力,二是逻辑分析能力,三是比较联想能力,四是沟通协作能力。

(二)创新型人才的素质结构

当代社会的创新型人才应该具备以下几个方面的素质:对科学、创新执着的追求,广博的知识,高度发达的智力和能力,开阔的发散型的思维、敏锐的洞察力和独特的敏感性,并应具有坚忍不拔的意志和敢于探险、勇于献身的精神。

(三)以教育模式创新促进创新型人才的培养

1. 组建一支高素质的师资队伍,为培养创新型人才提供可靠的保证

教师是实施创新教育的主导,要培养具有创新精神和创新能力的人才,必须要有一支创新型师资队伍。首先,教师要保持思想观念上的超前性,不断提高实施创新教育的自觉性,在教学过程中有意识地加强学生创新意识、创新思维、创新能力、创新人格的培养;其次,要根据创新型人才培养的需要,加强创新教育的研究和实践,不断深化教学内容、教学方法与手段及考试方

法等方面的改革。教师不应再满足于"传道、授业、解惑"的传统功能和作用，而应摒弃"一言堂""满堂灌"的弊病，发挥组织、引导作用。最后，要具备知识素质和能力素质，掌握系统的专业知识及广博的相关学科知识，具有终身学习的能力，掌握较好的现代化教育技术手段的能力。

2. 改革课程体系，适应培养创新型人才的需要

要实践创新教育，必须推进人才培养模式的改革，树立多方面人才观，采取多样化的培养方式，因材施教，为创新型人才成长创造良好的环境及条件。一是拓宽课程选择面，完善课程转换体系，使学生可以跨专业、跨院系学习；二是开设相关选修课程，加强文化素质教育，为学生的创新活动提供深厚的文化底蕴；三是实施主辅修学习制度，加强复合型人才的培养。鼓励学有余力的学生跨学科、跨专业修读喜欢的辅修课程、辅修专业和第二学位专业；四是实施第二课堂培养计划，将第二课堂开展的思想教育活动、科技创新活动、文化体育活动、社会实践活动等纳入创新型人才培养体系，将课内培养与课外培养相结合，全面提高学生的创新能力和综合素质；五是开设"创新学"课程，训练学生的灵活性思维、求异型思维、发散性思维和逆向思维，激活他们的创新潜能和创新的主动性，掌握创新思维的策略。

3. 制定多样化的人才培养方案，以多样化教育培养创新人才

大学要以更新教育思想和转变教育观念为先导，以实施素质教育为主线，以制订和完善具有多样性特色的人才培养计划为龙头，逐步实现教育观念的四个转变。一是由注重专业对口教育向宽口径综合素质教育转变；二是注重知识传授向注重创新精神和实践能力培养转变；三是由注重共性教育向注重个性发展、因材施教转变；四是由注重学科系统性向多学科交叉、融合转变。采取"宽口径、厚基础"的培养模式，从经济类和管理类学科中筛选出部分课程，作为多个教学科的必修课程。并把数学、外语、中文、计算机以及政治理论课作为教学的重中之重。

4. 更新教学内容，改革教学方法，提高教学质量

把最新的科学研究成果和科学概念及时地融入教学实践中，体现教学内容的时代性、开放性、多元性与全面性。在教学中要充分利用多媒体教学等现代化的教学手段，通过声音、图像等多种表现形式，使学生对知识掌握得更加透彻、形象，激发学生的学习兴趣和创新激情；利用课堂辩论、计算机辅助教学授课、学生讲课和专题辩论等方法，激发学生的求知欲与想象力，树立以学生为主体的教育观念，改变传统的"满堂灌""填鸭"式的教学模式，采取启发式和讨论式教学，激发学生独立思考的意识和勇于探索的精神。

5. 激发创新意识，调动创新积极性，多途径培养学生的创新能力

创新素质的培养至关重要的是培养学生的创新意识。学校要把培养学生创新精神和提高学生的创新能力作为教育的核心，将其贯穿于教育的全过程。学校应鼓励学生积极参加全国、省、市等各级各类科技竞赛，如电子设计大赛、数学建模、"挑战杯"课外科技作品竞赛等，使学生在参与程中树立创新意识、学习创新方法、提高创新能力，从而激发学生创新的积极性。

6. 加强实践性教学，鼓励学生积极参与科研活动

大学要十分重视教学过程中的实践性环节，把它作为培养学生具有分析问题和解决问题能力的重要一环；要加大实践性教学在课程体系中的比重，并不断更新其内容；要充分利用大学实验室的科研、人才和设备优势，建立实验室向本科生开放的机制，使学生可以根据其自身兴趣，在实验教学的指导下，从事自主创新实验，熟练使用相关专业设备及仪器；要重视学生的实习过程和效果，当学生在掌握了一定的专业知识后，应安排优秀学生参与科研活动，让学生尽快接触科研课题和生产实际，通过科研实习使其融入良好的科研氛围，并在科研人员的指导下有目的地参与科研活动，接触导师、接触专业研究领域、了解学科前沿和科研课题，培养学生具有传播科学文化知识，高度分化和高度融合知识的能力；要注重大学生的生产实习和社会实践，这样有利于学生把所学的理论知识运用于实际工作，学到许多在学校、书本中学不到的知识，以提高其观察能力和动手操作的实际能力，积累有关的工作经验。

实践证明，学生只有走出校园，走向社会，才能开阔眼界，了解社会，了解国情，激发自己的创造动机，把自己所学的专业知识紧密地联系实际，使自己的才智得到较好的发展。

新时代对大学生的素质要求越来越高，实践能力和创新能力作为大学生的一项重要的基本素质，在人才培养和市场竞争中的作用越来越凸显。实施素质教育则是培养大学生实践能力与创新能力的立足点和突破点。针对目前高校大学生实践能力和创新能力培养的现状，对实施素质教育模式下如何培养大学生实践能力和创新能力进行相关探讨。传统的教育模式、教学内容和教学方法、创新和科研机制制约了大学生实践能力和创新能力的培养，增强素质教育观念、改革教学体制、创建创新科研平台、建立评估制度和激励政策是培养大学生实践能力和创新能力的有效途径。

第四节 高校大学生素质教育与创新能力培养的关系

社会经济的快速发展对大学生的实践创新能力要求越来越高。高等院校全面实施素质教育是培养大学生实践创新能力的立足点,而培养实践创新能力是素质教育的核心,二者相辅相成。文章辨析了高等院校素质教育和创新教育的关系,解决了高等素质教育和创新型人才培养中遇到的困惑,并从研究型课堂教学、校企合作和顶岗实习三个方面对素质教育模式下实践创新能力培养途径进行了探讨,旨在提高高校大学生以实践创新能力为核心的全面素质,使其适应社会和经济发展的需要。

一、高校素质教育和创新教育的相互关系

现代教育正在向素质教育和终身教育转化,学习将成为个人生存、竞争、发展和完善的第一需要。素质教育是我国实施教育改革的基本方向,是以提高学生综合素质为目标的教育模式,以学生为主体,注重学生身心潜能和个性发展。高等院校的素质教育应强调培养学生的人文素质、科学素质和实践创新能力素质。

随着社会和经济的发展,创新教育又被提上了日程。创新教育是全面实施素质教育的核心,强调对当代大学生实践创新能力的培养。高校创新教育培养学生适应社会和经济发展的综合能力,特别是创新意识和创新能力,为终身教育打下坚实的基础,达到完善自我和适应社会的目的。高校教育作为高等教育的一部分,其责任是培养具有创新精神和实践能力的高级专门人才,这是时代和社会发展的需要,更是教育自身发展的需要。

素质教育是创新教育的基础,创新教育是高层次的素质教育。实践创新能力是创新素质教育的核心,是一个人综合素质的最好体现。全面素质发展包括创新素质,是创新精神与创新能力发展的基础,而培养创新精神与创新能力是全面素质教育的提升。所以说,素质教育包括创新教育,创新教育是高质量的素质教育,两者是一致的。高等院校要积极顺应时代需要,结合实际全面开展素质教育,重视大学生的实践创新能力的培养。

(一)创造性是素质教育的本质特征

素质教育的重要目标是发展学生的主体性,培养学生的创造精神和实践能力。在人的基本素质培养中,创造力是根本的素质;在人才的诸多特征中,创造性是最本质的特征。因为没有了创造性,人类社会就不可能有进步和发展。我国社会主义现代化建设需要具有创新精神和实践能力的人才,因循守

旧、循规蹈矩的人远远适应不了当今高科技发展的要求。杨振宁教授说："教育的成功在于使每个人的能力和创造力得到最充分的开发。"素质教育就是要培养、鼓励、发挥学生的创造潜能，激发其无穷的创造力，努力培养其创造力，以适应21世纪的人才竞争的需求。

（二）创新教育是全面实施素质教育的有效途径与方法

创新教育就是根据创新原理以培养学生具有一定的创新意识、创新思维、创新能力以及创新的个性为主要目标的教育理论和方法，使学生在牢固、系统地掌握学科知识的同时发展他们的创新能力。创新教育不同于传统的知识教育和智能教育，而是把二者有机地结合在一起，既让学生获得了系统的知识和基本技能，又使其智力潜能得到充分开发，同时还使其精神得以升华。通过创新教育，可以使学生学会创造性地获取知识，创造性地思考和创造性地解决问题。

二、高校素质教育和实践创新能力培养的困惑

（一）体现"能力为本，素质为魂"的教育理念

我国高校教育是培养高等职业技术人才的素质教育，是以职业能力培养为核心的全面素质发展教育。高校教育必须强化职业能力培养，注重发现问题、解决问题的能力训练，体现"能力为本"的高校教育理念。高校素质教育对学生实践创新能力的培养应渗透到素质教育过程中，使"创新"成为一种思维习惯，成为大学生行为的一个组成部分。但不少高等院校只重视职业能力的训练、忽视专业理论和文化知识教育，不能适应培养目标需要，影响了高校毕业生的就业和发展。高等院校在注重"能力为本"的同时，还应体现"素质为魂"的理念，重视学生思想道德、科学文化和身体及心理等综合素质的培养教育，这是培养高素质应用型技术人才所必需的，也是时代发展和社会的需求。

（二）素质教育要面向全体学生，贯穿人才培养整个过程

我国高等教育已经从精英教育过渡到大众教育，素质教育要面向全体学生，贯穿整个教学过程，而不是只针对极少数优秀生，也不是只针对某个教学环节。素质教育是以学生为主体，让学生学会做人、求知、生活和审美，使学生在德、智、体等方面得到全面协调的发展。实践创新能力的培养不是一蹴而就的，不是某一个教学环节的任务，应贯穿到人才培养的全过程。课堂和实践教学是素质教育的主阵地和主渠道，应在教学过程中充分挖掘课堂教学的素质教育功能，可以分为以下三个阶段。第一阶段，注重公共基础课

堂的作用，通过课堂教学和宣传，激发学生的学习兴趣，培养学生的创新意识。第二阶段，注重学生自主学习能力的培养，加强学生知识储备，适当增加部分专业课程和前沿学科课程，为学生参加创新实践打下扎实的基础。第三阶段，学生在教师指导下参与创新实践，确定选题，开展研究，并完成相应的研究活动。

（三）高校创新教育要面向全体学生，培养其实践创新能力

创新人才培养是许多高等学校的办学目标之一，高等院校当然也可以培养创新人才。但创新人才是在工作实践中成长起来的，高校所确定的培养创新人才的目标只能是一个对大学生未来发展的预期目标。高校预期目标应该是培养基层创新人才，即社会物质生产、社会服务、精神生产和文化传播一线工作人员，其价值体现在企业技术改良、工艺改进、文化知识物化等过程中，创造基层文化与精神财富，改良局部社会风气等。高等院校创新教育的重点不应是创新人才的选拔，而应面向全体学生，培养其实践创新能力，为不同潜质人才的脱颖而出创造成长的空间和机会，使其最终成为真正的创新人才，成为推动社会科学文化不断发展进步的主要力量。

三、高校推进素质教育，提高实践创新能力的途径

在全面实施素质教育的十几年中，教育部曾多次发文强调加强实践教学，切实提高大学生的实践创新能力，要求高校积极推动研究性教学，使高校学生参与教师科学研究项目或自主确定选题，开展研究，使其提高实践创新能力。

（一）增强素质教育和实践创新观念，充分发挥研究性教学作用

素质教育观念与实践创新能力培养应基于加强实践教学的支撑，实践教学对创新人才的培养起着至关重要的作用。高校教育要积极顺应时代需要，结合实际开展素质教育，重视培养大学生的实践创新能力。培养大学生的综合素质和实践创新能力的途径应以学习为主，学习应以课堂教学为主，所以课堂教学依然是全面实施以培养实践创新能力为核心的素质教育的主阵地。高校要把素质教育观念贯彻到课堂教学过程中去，应用研究性教学模式，在教学过程中培养学生的实践能力和创新能力。研究性教学体现了"寓学于研"的核心思想，充分发挥学生的主观能动性，激发学生的求知欲和创造力，培养学生的创新能力。第一，在内容上，研究性教学是指让学生参与教师科学研究项目或自主确定选题，开展研究，把创新活动纳入教学计划；注重学生的共性和个性培养，努力开发学生的潜能；增加学生实践活动的机会，鼓励学生参与社会实践和科学实验，使其长见识，增才干。第二，教学过程中，

以学生为主体，开展讨论式、启发式、参与式教学。教师可以结合自己的科研项目和科研成果，让学生了解最前沿的科研动态，增强学生的科研素质和创新意识，培养学生的科研理念，推动学生去思考、创新，实现实践教学与科研项目实验研究相结合，激发学生创新思维和科研兴趣。第三，课外教育，营造校园文化和学术氛围，重视学生科技创新能力的培养。高等院校可以结合课堂教学，聘请著名的专家学者，开展各种学术讲座和报告会，搭建学术交流平台；成立社会实践社团，组织学生操作技能大赛、文艺会演、演讲会等大型实践活动，提供实践创新机会；同时，积极鼓励学生进行科技创作，为学生展示聪明才智、发明创造搭建个性化的舞台，逐步形成适应素质教育和创新能力培养的校园文化和学术氛围。第四，在考核环节，将大学生实践创新活动纳入素质教育考核指标，把大学生参与实践活动、科研活动的成绩纳入考查内容，提高大学生参与创新的积极性，提升其实践能力和创新能力。

（二）深化校企合作，建立互利双赢的人才培养模式

高校教育以培养面向生产、管理、服务一线的技术型、应用型人才为主要目标，是技术型、应用型的高等教育，这决定了实践教学的重要作用。校企合作是学生提高实践创新能力的必然渠道，在高等院校人才培养的过程中取得了一定的成效。但一直以来不少企业经营者认为企业只是人才的接收者，不是人才培养的参与者，普遍出现了"校热企冷"的现象。高校应该强化市场经营意识，深化校企合作，使企业积极参与到学校人才培养的过程中来。从营销的角度看，企业是高校的目标顾客，顾客所需的是人才，人才是企业赖以生存与发展的重要资源，企业需要人才储备和人才培训。对此，高等院校可以充分发挥资源优势，引进会员制的市场营销运作模式，建立校企互利双赢的人才培养模式，实施校企双向会员制。

校企双向会员制是指高等院校紧扣企业的人才需求，吸纳企业为会员，使高等院校和企业的资源利用达到最大化，使企业参与到学校人才培养中来。根据权限大小，会员可分初级、中级和高级。初级会员可以参与高等院校人才培训，企业安排等量学生顶岗实习，相互开放相关的软硬件资源，达到人才培训的目的。中级会员可以参与高校人才建设，拥有委托培养、毕业生优先挑选等权利，达到企业人才储备的目的。高级会员可以开展横向项目合作，共享创新资源和创新成果。校企合作的有效实施，可以做到共同担责，共同受益，解决"校热企冷"的问题，深化校企合作，提高学生的实践创新能力。

（三）推进顶岗实习，深化校企会员制度

高等院校顶岗实习是指在完成教学大纲规定的基础课、理论课和基本技

能强化训练教学后,学校组织学生到企事业单位顶替职工工作,完成生产实习任务的一种新型教学模式。顶岗实习环节开启了高校学生职业生涯的第一步,是培养实践创新人才过程和实践教学环节的重要组成部分。顶岗实习给学生提供了客观真实的锻炼机会,使其在实践中获得适应环境和解决实际问题的能力,全面提高了其综合素质和实践创新能力。另外,顶岗实习有利于学生及时掌握就业信息,增加了学生的工作经历并使其形成务实的择业观,顺利实现就业。高等院校要不断提高顶岗实习的组织管理水平,推进和巩固校企合作,促进高等院校人才培养质量的提高,使高校教育真正服务于社会和区域经济发展。

根据校企会员制协议,高校的培训团队与企业的实习导师配备可以是对等关系。企业提供专业对口的岗位,接受高等院校学生上岗实习,并对其进行管理、指导和评价,履行会员义务。企业还可以通过师徒关系,帮助学生融入企业文化,减少实习对生产运作的影响,端正学生的实习态度,促使他们全身心投入到实习工作中,使其形成企业认可的职业素质与实践能力。企业有权根据学生实习情况和用人需要,与中意的实习生签订就业协议,也可以淘汰表现差的实习生。

第六章 校园制度文化建设

第一节 校园制度文化概论

一、校园制度文化的重要性及内涵

校园制度文化是学校文化的重要组成部分,加强校园制度文化建设是当前文化立校不可或缺的关键一环。校园制度文化建设在学校文化建设中的重要地位和作用昭示我们,在进行校园制度文化建设时,一定要着力做好制度的优质生成和制度的高效执行两方面工作,从而有力地推动学校文化建设,促进学校的可持续发展。

校园制度文化作为学校文化的重要组成部分,是处于核心精神文化和浅层物质文化之间的中间层文化,它不仅是维系学校正常秩序必不可少的保障机制,也是学校文化建设和学校发展的保障系统。如果把学校文化建设比喻成一艘前行的巨轮,那么高悬的航标就是精神文化,航行的规章守则就是制度文化。因此,校园制度文化建设在学校文化建设的大体系中扮演着极其重要的角色,我们一定要在深刻认识和理解校园制度文化的基础上,切实抓好校园制度文化建设。

校园制度文化,简而言之,即由校园制度所承载、表达、衍生和推动的文化,它是一所学校渗透在体系架构、规章制度、工作流程、岗位职责中的价值观念和风格特色,也是在生成和执行各类制度的过程中折射出来的价值取向和行为准则。校园制度文化是有形的制度与无形的价值的有机结合,一方面以有形的制度作载体,另一方面以无形的价值在学校的诸多领域体现出来,不仅体现在制度本身,而且通过制度实施,体现在一切结构、组织、形式、过程、方法、技术、行为方式、人际关系、心理氛围之中,校园制度文化越发展完善,无形价值在上述各领域的体现与制度所承载和推动的文化越趋同。

二、校园制度文化的属性

校园制度文化作为校园文化的内在机制,包括学校的传统、仪式和规章制度,是维系学校正常秩序必不可少的保障机制,是校园文化建设的保障系统。没有规矩,不成方圆,只有建立起完整的规章制度、规范师生的行为,才有可能建立起良好的校风,才能保证校园各方面工作和活动的开展与落实。但仅有完整的规章制度是远远不够的,还必须有负责将各项规章制度予以执行和落实的组织机构和队伍,因此,还必须加强相应的组织机构建设和队伍建设。也就是说,制度文化建设实际上包括制度建设、组织机构建设和队伍建设三个方面,组织机构建设和队伍建设是确保制度建设落到实处,并使其真正起到规范校园人言行的关键环节。校园文化组织机构的健全和完善,校园文化队伍的勤奋与能干,对正常开展校园文化活动,加强校园文化建设,具有十分重要的、决定性的作用。

1. 校园制度文化的性质

从性质特点上看,校园制度文化应该是一种柔性与刚性并蕴的文化,是一种阶段稳定与适时变易相结合的文化,也是一种可塑性与可控性共存的文化。首先,校园制度文化将柔性文化价值融入刚性的制度规范之中,从体制法规层面,将学校精神文化加以落实和推广,校园制度往往以规定、条文、指标、标准、纪律等形式出现,要求人们必须怎样和不得怎样,是明确的强制性的规矩,具有一种刚性的约束力(与精神文化和物质文化相比,这种强制性约束,正是制度文化在作用机制上的最大不同),但良性的校园制度本身又是具有人性化和亲和力的,而且在执行的具体过程中,校园制度要约束、惩罚与保护、奖励相结合,在惩处的同时还要辅之以春风化雨式的思想教育和人性关怀,使执行非但不冷冰冰,反而充满温情的色彩。其次,校园制度一经学校成员共同确认并形诸文本,就要在一定时段稳定下来,无必要原因不能朝令夕改,以保持其稳定性,便于执行,但这种稳定只是相对的,环境条件变了,学校发展的目标和要求变了,制度也必须适时地做出改变,否则就失去了制度存在的意义。最后,校园制度主要是人建构的产物,作为主体的人完全可以根据学校文化建设和学校发展的需要,适时能动地去选择、设计和创造某一种制度,并监督和控制它的运行,因而校园制度文化又是一种可塑性和可控性很强的文化。

2. 校园制度文化的功能

从功能效用上看,校园制度文化是学校精神文化的转化器、激发器和推进器。中国多年的改革实践证明,任何事业的改革和发展,制度变革都具有决定性的意义，制度变革是改革发展的突破口和关键环节，因此要实现文化立校，促进学校发展，就一定要高度重视制度文化的构建，进行系统的制度安排。对于校园制度文化来讲，它不仅是一种价值激励因素，也是一种利益刺激杠杆，它既要触及人的精神价值，也要触及人的名誉利益，而后者更多地体现为刚性约束。正是依靠制度的柔性教育和激励，特别是制度的刚性约束和转化，学校精神文化才得以更广泛、深入和快速地推进，没有制度文化的刚性约束，单靠精神文化本身的教育引领，单靠物质文化的教育熏染，新型的学校文化要想在学校成员身上得到切实的内化是不可想象的，学校要实现有序的良性发展也是不可能的，学校文化建设前行的速度、达到的高度、辐射的广度都将受到很大影响。那么，校园制度文化有些什么功用呢？其功用主要包括以下三方面。其一，通过认识导向、情感陶冶、人文关怀，特别是行为规范，给师生提供优质的文化心理氛围和正确的行为模式。其二，整合学校组织体系，促进学校运转协调有序。其三，传递学校文化信息，塑造学校个性形象。

3. 校园制度文化的形态

从形态类别上看，校园制度文化在三个不同维度上分别以两种形态存在。

①外向制度文化和内向制度文化。前者指学校与上级、家长、社区等周边环境打交道所遵从的制度文化，后者指学校内部用于自我管理的制度文化。

②正式制度文化和非正式制度文化（注：本书其余各处所言制度，如未指明是非正式制度，皆表示正式制度）。前者是学校正式结构和正式制度表现出的文化，即明规则，后者是学校非正式结构和非正式制度表现出的文化，即潜规则。非正式制度文化又可分为顺向非正式制度文化和逆向非正式制度文化两类，前者指良性的或与正式制度文化相容的非正式制度文化，后者指不良的或与正式制度文化不相容的非正式制度文化。

③静态制度文化和动态制度文化。前者指以文本形式存在的制度文化，它是制度文化形成的起点，后者指内化到人的行为上的制度文化，它是制度文化建构的归宿。校园制度文化建设的重要使命就是促进外向制度文化与内向制度文化协调配合，全方位地建设和弘扬正式制度文化，修正不良的非正式制度文化，最终使明规则最大限度地涵盖学校公共生活的各领域，潜规则向明规则方向最大限度地靠拢，静态制度文化与动态制度文化最大程度地契合，制度的客观精神最大化地内化为人的主观精神，从而达到制度文化建设的较高境界，为学校文化建设这艘巨轮助航。

4. 校园制度文化的功能

众所周知，国有国法，家有家教，校有校规。一个集体、单位或家庭的文明体现有赖于制度和规章的建设。物质文明的建设是集体的肉，制度的建设是集体的血。因此，健全、充实、有活力的制度是学校的治校之本。离开制度的建设，学校的管理会成为无源之水、无本之木。制度的建设必须具有系统性、层次性、发展性和权威性。

（1）制度的系统性

系统的制度是保证学校正常运转的基础。系统性是指制度建设的广度和深度。学校应根据实际情况，制定出一套条与块相结合的制度，使其形成纵横交错的网。如在管理人员的分管上制定《行政领导的包级、包班制度》《年级组长岗位责任制度》《班主任转化偏常生记录》《值日教师卫生包片登记》等，这些条条章章规范了管理人员的行为标准，强化了其责任意识。如在处室的分管上可制定出教务处《教学管理》，政教处《集会纪律》《宿舍文明章程》《违纪处理规定》，总务处《学校财经制度》《厨房管理条文》。这些制度的出台与落实，摆脱了学校管理的口说无凭，制度既到点又到面，可增强制度的持续性，体现制度的生命力，使管理有法可依，办事有章可循，最大限度地调动师生员工的积极性。

（2）制度的层次性

俗话说：教学有法，教无定法。这句话的科学体现是有针对性、层次性。我们可以理解为制定规章制度遵循客观规律，因情施章，对症下药。针对不同的群体制定措施并加以落实。七年级和高中一年级学生是新生，他们对新的环境有一种试探与期望的要求，学校应在此时此刻抓住他们的心理，要及时制定出诸如《高一新生军训管理》《新生校情教育》的制度。从群体角度上可制定出《初中生竞赛奖制度》《高中生行为标准量化考核》《偏常生进步奖》《兴趣小组活动导向》等。这些制度是从教育心理学出发，牵着被管理者的鼻子走，从而激发他们的闪光点，使之学有榜样，赶有方向，使他们不会感到制度是虚无缥缈、不着边际的，而是有章可循的。

（3）制度的发展性

与其他事物一样，制度也不断面临着新事物、新挑战。因此，我们应具有发展的观点，紧跟时代的脉搏，促进制度的革新。目前，很多中学的建校史不是特别长，但是硬件的建设已是一日千里，制度也必须与时俱进，必须依赖于物质基础。客观条件改变后，制度建设不能因循守旧，停滞不前。人们从陈旧的、保守的、阶段性的观念过渡到改革创新的大潮中去。新的理念要适应新的实践，才足以使学校的管理得到充实和完善。根据形势的特点、客观的要求，必须出台行之有效的管理方案。比如在二十年前，很多山区的学校教师住房条件还很差甚至没有，一些教师住在校外或走教。教师的管理有人浮于事的现象,后来,政府出台了安居工程并进行了落实,这就对教师管理提出了新的要求,赋予了新的内涵。又比如,在饭堂出现杂、乱、差等现象,我们必须及时调整策略,用人治事。凡此种种,不一而足。古希腊一位哲学家曾经说过:"人不能同时第二次跳进同一条河里。"识时务者为俊杰,如没有时代的紧迫感,不掌握事物的动态发展,不抓住被管理者的动态思维,用年年如此、岁岁今朝的制度,通过呆板麻木、粗糙无味的方法去实施,那工作就会逆水行舟,甚至可能前功尽弃。

三、校园制度文化建设与学生工作实施的理论基础

纵观当前我国各大学校变革进程,以促进学生发展作为教育变革的核心理念正在成为共识,创新和发展学校内部制度以确保变革成果也已开始引起重视。然而,现实中仍存在一些问题。一是制度资源匮乏。一些学校(尤其是经济落后地区的学校)极度缺乏制度资源,除了惩罚条文,就只是一些财产管理方面的制度。二是制度意识欠缺。一些学校虽有制度条文,但却形同虚设,遇到问题时往往求助于经验。三是制度设计仅仅体现管理者的意志,或仅仅关注事的管理,缺乏人文关怀。四是制度多是自上而下地产生,缺乏民主参与,这样的制度通常是被机械被动地执行。如何把握制度创新与建设的尺度,使之有效地发挥对学生发展的支撑作用,已成为我们需要深入探讨的问题。

(1)制度设计与人性假设的关系

制度可以理解为一种必要的规范或限制,但过分的规范和限制可能造成强制性控制;制度也可以理解为一种契约,制度通过共议产生,参与制度制定的人共同认可,愿意接受制度的制约、承担制度赋予的责任,同时也分享制度带来的利益。对制度的不同理解源于制度制定者对人性的认识,或者说,关于人性的不同假设导致了对制度功能的几种不同主张。

(2)人性假设与制度功能

由于上述各种假设对人或学生的本质或天性的假设都是天生的、基本的,所以在用于讨论学校内部制度时,不能简单照搬。因为即使是最年幼的学生,其本性也不可能是纯恶、纯善或者纯中性的,作为制度的假设前提,所谓恶的、善的和中性的,仅仅是一种倾向性判断而已。如果持恶而能动的人性假设,就会看重制度的限制和控制功能;持中性而被动的假设,会制定塑造式的制度;持善而能动的假设,则会提出保护的、激励的、适度规范的制度主张。恶而能动的人性假设,来自教育者(同时也是教育制度的设计者)对一些不合乎社会规范行为的以偏概全的印象,哪怕这些恶的行为表现并非出于作恶

的动机，而不过是以自傲的方式表达自卑，以故意违规表达需要关注的愿望，以不屑、疏远甚至攻击性行为表达爱慕，其往往都被归入恶行之列。中性而被动的人性假设，实质上是白板说的翻版，视学生为可以任意印刻、任意塑造的对象，这一观点忽略了学生进入学校时已带有以往形成的意识和经验。

第二节　校园制度文化建设及其指导思想

校园制度文化建设主要应做好两方面的工作：一是确保制度的优质生成，此项工作的着力点主要是对于制度文本的完善，打造的是静态的文本化的制度文化；二是确保制度的高效执行，此项工作的着力点主要是对人的行为的规范，打造的是静态的人化的制度文化。制度生成是基础，制度执行是重点也是难点，制度执行的目的就是促进文本化制度文化向人化制度文化的迁移，并通过实践的检验和反馈，不断修正和完善制度。

一、确保制度的优质生成

校园制度的优质生成，包括三个层面的含义。

首先，校园制度的生成要充分完善，不能有显性缺失，也不能有隐性缺失。所谓显性缺失，是指学校完全缺乏某些方面的制度。所谓隐性缺失，是指某些方面虽然有了表面完善的制度，但制度完全形同虚设，这等同于没有制度。解决显性缺失，就要抓紧制定和完善校园制度；解决隐性缺失，就要唤起人们对这些缺失制度的重视，真正按制度办事。

其次，校园制度的生成要合理合法。校园制度的科学性和适用性，其实主要源于制度本身的合理性与合法性。校园制度的合理性主要表现为既要合乎基本的人性，带有人情味，也要合乎教育发展的客观规律性，违反人性和违背教育自身规律的制度，必然丧失其内在合理性，不可能得到科学的实施和运行。校园制度的合法性，另一方面是指校园制度的生成必须要获得相关利益群体的认同和接受，一方面是生成的程序要具备正当性，即须经过合法的程序。从这个意义上说，合法性必须建立在民主的原则基础上，一切专制的规定和做法，都不能赋予校园制度生成以合法性，而不具有合法性的制度必定会遭到学校成员的质疑、抵触和挑战，执行起来难度就会比较大。

最后，校园制度的生成要质量优良，因为劣质的生成和劣质的制度都会影响执行的效度。质量优良的制度生成，大致需做到以下几点：生成制度的性价比要高（即制度运行的效益远高于制度生成和运行的成本）；学校全体或部分成员普遍适用；与学校的精神价值一致，充分体现出制度文化的先进性；各项制度要互相支撑和衔接，制度内部的各项要求须和谐一致，不能相互矛盾；具有较强的可操作性；针对性强，符合学校需要，有利于解决存在的问题；相对简洁好懂，便于理解执行。

二、确保制度的高效执行

制度执行，是静态的文本化制度文化向动态的人化制度文化迁移的关键环节，校园制度文化建设能否到位，主要取决于制度执行是否落实。而对于很多学校而言，制度的生成不难，难的是制度的执行。有的学校制度制定有余，但制度执行严重不足。其实任何一项制度一经颁布实行，就会或早或迟地产生效应（即时效应与后续效应），这种效应就是动态制度文化。即时效应的大小与旧制度文化影响的强弱，新制度文化是否深得人心，逆向非正式制度文化是否固有存在很大关系。因此，在校园制度文化建设过程中，为了使制度执行落到实处，打造高效的制度执行力，更好地产生即时效应，不断地提升后续效应，除了公开民主地制定制度，以提高师生对制度的认同感和接受度以外，还需做好如下工作。

①加强教育培训，宣传造势，营造氛围，进一步提高学校成员乃至社会各界对校园制度文化的认同感和理解力。虽然学校师生参与了民主制定制度的过程，但每个师生对制度的理解力和接受度仍会高下不齐，通过教育培训、宣传造势、营造氛围，让师生更深切地感受到校园制度所要达到的愿景，明确自己的权利、责任和行为的边界，将有利于提高师生对制度的主动执行水平，为学校文化建设和学校发展营造良好的内环境。而社会各界如能形成对校园制度文化的正确认识，将有利于减少学校在执行制度时面临的障碍，为学校文化建设和学校发展营造良好的外环境。

②树立制度权威，规范公正高效的执行制度。制度要起作用，就要有权威，而只有规范公正高效的执行制度，制度权威才能得以树立，制度执行的效益成本性价比才会更高。所谓规范，就是依章执行，按程序执行。所谓公正，就是执行要以事实为依据，以制度为准绳，处置准确，宽严适度，而且要公开透明，对事不对人，不徇私枉法，确保所有学校成员在制度法规面前一律平等，不仅要公正地管理，还要公正地评价、考核和奖惩。所谓高效，就是通过深入调查获知事件原委，在维护师生合法权益、适当考虑情理的前提下，依法果断地执行。为使校园制度执行更加规范公正高效，必须在校园制度文化建设过程中，强调公平、正义、程序、成本、效益、质量、落实、细节、责任等理念意识，同时对制度执行的过程和结果加以有效监控，防止管理者滥用职权，防止暗箱操作，防止执行变形走样。

③刚性执行与柔性执行相结合，约束与激励相结合，执行与教育相结合，以提升执行实效，提高师生自我执行、自我管理的水平。刚性执行确有必要，这是推进制度文化建设的必由之路，但柔性执行也不可缺少，因为制度面对的是有生命、思想、个性、感情的人，如果一味生硬执行，往往收不到应有的效果。因此，在具体的执行过程中，首先，要一方面照章办事公正执行，一方面全面地辩证地分析问题，力求执行公正服人。其次，奖惩要结合，既要以惩来强化刚性约束，又要以奖来强化柔性激励。最后，制度执行与思想教育相结合，领导在执行制度时，要作风民主，要增进与师生的交往与交流，从需要、动机、情感等多角度来加强与师生的心理沟通，强化对师生的正向激发。只有这样，师生的抵触情绪才能减少，制度的静态文化才能更顺捷地转化为动态文化，自觉执行制度的内驱力才能持续产生，从而使制度管理从外在约束渐次演进到内在自律，不断提升师生的自我约束和自我管理水平。

三、民族文化及其发展趋势

民族文化是各民族在社会历史发展进程中共同创造和发展起来的具有民族特色的文化，一般包括物质文化和精神文化。一个民族的饮食、服饰、建筑、民族工艺品等属于物质文化；民族语言、文字、艺术、哲学、宗教、风俗、节庆等属于精神文化。

创新民族文化，提升文化的影响力。民族文化同一切先进文化一样，只有与时俱进地不断创新发展，才能体现民族文化的社会价值和时代价值，只有创新，民族文化才可能形成适应市场经济需要的文化产业，才可能拥有自己的文化品牌，提升文化的影响力，造福各族人民。经济社会的快速发展，离不开文化的繁荣兴盛。文化是民族凝聚力和创造力的重要源泉，是综合国力竞争的重要因素，更是经济社会发展的重要支撑。促进文化大发展、大繁荣，是经济社会发展到一定阶段的客观要求。在现代社会，文化不仅是满足人民精神需求的重要保证，而且与经济发展的关系日益密切，它不仅直接贡献于经济发展，更在提升经济发展质量方面发挥着至关重要的作用。

四、校园文化建设的指导思想与思想政治工作的重要性

随着改革开放的不断深入，我国经济体制深刻变革，社会结构深刻变动，利益格局深刻调整，思想观念深刻变化，人们的价值观念日益多元，马克思主义在中国特色社会主义建设事业中的指导地位受到严峻挑战。尤其是在进入信息化时代后，一些西方国家的反华势力利用信息技术上的优势对我国民众进行信息轰炸，竭力宣扬西方国家的思想文化、价值观念。近些年来，这

些国家更是不遗余力鼓吹自由、平等、人权等是超越国家、民族、阶级、时代的普世价值，妄图以资本主义的价值准则来代替社会主义中国所信仰的价值观念和理想信念。他们企图在中国年轻一代的头脑里播下西方价值观念的种子，图谋培养西方资本主义的信徒。严峻的国际国内形势都要求我们党的思想政治工作必须以马克思主义为指导，协调处理好一元主导、多元并存的关系。

当前，党的思想政治工作以马克思主义为指导，就是要以中国特色社会主义理论为指导。中国特色社会主义理论是中国化的马克思主义，是马克思主义在中国发展的新阶段，是中国各项事业的行动指南。总之，党的思想政治工作只有以马克思主义为指导思想，才能使党的思想政治工作沿着正确的方向前进，才能为党和国家的各项事业保驾护航。因此，坚持用马克思主义指导思想政治工作就成为中国共产党思想政治工作最基本、最重要的经验之一。思想政治工作是我们党的优良传统和重要政治优势，历届党和国家领导人都把思想政治工作摆在十分突出的位置，并且对思想政治工作的重要性也有许多精辟的论述。

高度重视、常抓不懈，是中国共产党做好思想政治工作的必然要求。党的思想政治工作绝不是可有可无的，也绝不是今天抓明天就可以放的，必须把党的思想政治工作当作头等大事来抓，要时时抓、经常抓。无论是在革命战争时期，还是在和平建设时期，党的思想政治工作都为夺取各项事业的胜利做出了巨大的贡献。总之，党的思想政治工作地位崇高、任务艰巨、使命光荣。中国共产党始终高度重视思想政治工作，始终将思想政治工作当作头等大事来抓，不仅在理论上着力阐明，更在实践上努力践行。因此，高度重视思想政治工作成为中国共产党思想政治工作的又一基本经验。中华民族自古以来推崇社会和谐，重视用思想教化活动整合中庸、和合思想，并以此凝聚社会群体的意志。

今天，新的时代已将和谐理念升华为中国特色社会主义建设的价值取向，迫切需要拓展思想教育工作整合和谐理念、凝聚政治意志的社会保障功能。在社会建设的思想基础层面，着力拓展思想教育整合和谐理念、凝聚思想意志的功能，引导和保障中国特色社会主义社会建设的发展方向，构建社会主义和谐社会的思想理念是中国特色社会主义社会发展的崇高目标，是引领我国现代社会发展方向的思想航标。统一的政治意志是凝聚社会主体的精神纽带，是保障社会主义和谐社会正确发展方向的思想基础。马克思主义经典作家关于科学社会主义的设想指明了构建社会主义和谐社会的前进方向，中国特色社会主义理论体系是马克思主义中国化的最新理论成果，是当前构建社会主义和谐社会的政治指导和方向保证。

思想教育是进行中国特色社会主义理论宣传和教育的主要方式，是传播、推崇和谐社会思想理念的主要渠道，是整合社会成员思想政治意志的重要手段。而科学的真理一旦被人民群众所掌握，就会变成无穷无尽的力量。因此，只有通过强有力的思想教育活动，用中国特色社会主义理论体系武装人们的头脑，凝聚全国人民的思想政治意志，将构建社会主义和谐社会的科学理念渗透到广大人民群众的心灵和日常生活之中，使之与民族的和谐传统精神产生"共振"，才能引领人们自觉为之而奋斗。高举中国特色社会主义伟大旗帜，通过思想教育的主渠道，系统开展社会主义和谐社会的思想主题教育活动，全面阐释中国特色社会主义的科学内涵，诠释和谐社会的政治理念，大力提升人们对和谐理念的认知水平，使人们自觉认同、接受和谐理念并将其内化为自己的思想意志。要理论联系实际，多开展实效性强的实践活动，通过和谐社区、和谐家庭建设等活动，把中国特色社会主义理论与社会主义和谐社会的思想理念"大众化"，使社会主义和谐社会的基本原则与基本精神生活化，使其本质内涵深入人心。同时，通过上述建设实践活动，具体体验社会主义和谐社会的思想理念，自觉抵制和克服生活方式多样化、价值思潮多元化的负面影响，坚定走中国特色社会主义道路、共建社会主义和谐社会的思想意志。

在社会建设的实践运作层面，着力开展思想政治工作，凝聚社会成员的政治意志，建立和谐的政治关系，维护社会的和谐稳定是从事一定政治活动的政治主体之间围绕政治权力与利益而产生的各种关系的总和。社会政治局势稳定是中国特色社会主义的基本要求，是社会主义和谐社会的重要特征；良性和合的政治关系是社会政治局势稳定的前提，必须通过强有力的思想教育工作来维系。思想教育工作是平衡社会政治关系的重要"软"性方式，它通过思想教育、思想沟通、思想调节等手段，用中国特色社会主义的共同理想与和谐社会的政治理念凝聚社会成员的政治意志，协调社会各界的政治关系，调和社会各界的矛盾，推动社会主义政治文明的发展，维护社会的整体和谐。当前，应注重将思想教育工作渗透于爱国统一战线的建设过程之中，充分发挥其协调执政党与民主党派之间关系的功能，正确理顺领导与被领导、执政与参政、合作与监督等关系；将思想教育工作贯穿于民族工作的全过程，充分发挥其协调不同民族、不同群体之间关系的功能，正确处理好汉族与少数民族、经济较发达地区的民族与经济相对落后地区的民族、信教群众和非信教群众之间的关系；将思想教育工作融合于经济工作之中，充分发挥其协调强势群体与弱势群体以及各个阶层人群之间关系的功能，正确处理好贫富差距、分配不公等矛盾。只有这样,才能及时有效地化解社会建设过程中的各种矛盾,特别是及时化解社会内部的政治矛盾,及时消除不利于社会稳定的潜在隐患,确保政通人和、社会和谐。

第三节 校园文化的传播途径

一、校园电视台

校园电视台在现在的各学校已经相当普遍,它成为学校德育工作的重要阵地,如宣传教育政策方针,展示学生风采,弘扬积极向上精神等,校园电视台确实是伴随学生成长的精神食粮供给站。也正因为如此,整个教育界不能忽视它的存在,德育阵线必须关注校园电视台的科学运作和长远发展,充分发挥校园电视台的德育作用,使其为学校育人服务。在新时代,如何将本校的校园电视台办得有声有色,并形成一套完整的工作流程和人事管理机制,确实是大家需要共同探讨、协同进步的深远问题。本书试从自己在重点中学多年从事校园电视台的实际出发,从功能、人事设置、工作内容、集体成员生活、例会和制度等各方面解剖校园电视台运作,愿为我国建设校园德育重要阵地,促进校园电视台的蓬勃发展出一份力。过去有人认为中学电视台只不过是一些有兴趣的同学在一起做一些电视短片类的工作,或者在教师的指导下做一些拍卖会议、拍拍课堂录像的电教类工作。我们被这种观念影响了很多年,缺乏将电视台作为一个德育阵地的正确认识,不明白校园电视台的工作完全独立于电教工作,更侧重于精神引领。另一方面,对于我国的很多学校而言,学生学习是首要任务,但智育之外,德育才是立身之本。那如何对学生进行德育教育?领导和班主任苦口婆心的言语教育在很多的时候似乎适得其反,学生不愿意听,自然没有效果,甚至造成逆反心理。究其原因,学生需要在实践中完成自我性格、品质的建构和提升,我们需要为学生提供多种形式的实践体验情境,而不是单纯的言语说教,校园电视台起到了这样的作用。

高等学校校园文化是社会主义先进文化的重要组成部分,是先进文化的重要源头,始终处在社会文化的前沿。高等学校既承担着育人的重要职责,又承担着引领社会文化的重要任务。校园文化具有凝聚作用,通过研究和宣传科学理论,可以把人们紧紧地团结在中国特色社会主义的伟大旗帜下;具有引导作用,通过传授人类文明,可以帮助人们培养良好的道德思想品质;具有辐射作用,通过知识传播和人才培养,可以对社会主义经济建设、政治建设、文化建设和社会建设产生积极影响。因此，加强校园文化建设对于推进高等教育改革发展，加强和改进大学生思想教育，全面提高大学生的综合素质，具有十分重要的意义。随着社会的进步，全国各高等学校中的电视媒体已越来越发挥出其他宣传载体不可替代的作用，被众多的管理层所认同。更直观、更迅捷的电视媒体作为现实社会最普遍、最广泛、最有效的大众传播媒体及宣传工具，在校园媒体中逐渐地发展成熟起来。电视媒体使校园新闻的视觉冲击力和现场感大为增强，广受师生欢迎，并且成为学校开展教育和对内、对外宣传工作的一个重要手段。

1. 电视媒体是人类社会交流沟通的媒介

人类的发展，从远古社会的肢体交流进化到语言的交流，经历了漫长的发展历程。人类发展到现在，通过媒介传达交流信息，这是人类文明程度的具体写照。人类的生存和发展离不开交流、沟通，人类无时无刻不在进行社会传播活动。传播一词就其实质而言，就是借助传者和受传者双方进行某种程度的信息沟通与分享。电视同报纸、刊物、书籍、广播、电影一样都属于大众传播媒介，电视是一种以电子技术设备为物质基础，以无线电波或电缆、光缆等其他导线为载体，将声像符号传送出去的一种电子媒介，这使电视传播具有了独特的内涵。广义的电视传播是指电视媒介组织依托电视节目向受众输送社会文化、传达社会信息的有目的、有计划、有组织的社会实践活动；而狭义的电视传播主要是指传播者借助传播技术系统对电视节目进行的传送、播出。自从1936年法国和美国开始定时播送电视节目以来，电视传播在人们的社会生活中的影响越来越大。统计表明，20世纪中期以来在传媒和文化载体方面，发展最快的是电视，电视（包括开路电视、有线电视、卫星电视）的覆盖面积越来越大。1993年美国哥伦比亚广播电视公司的统计报告指出，由于人类对外星空的开发和电子科技的突飞猛进，整个地球都已在卫星电视的有效控制之中。就我国而言，始于1958年的电视传播，由于受当时我国的社会经济状况和科学技术水平的限制，直到20世纪80年代初才随着电视机的逐渐普及而成为具有广泛社会基础的真正意义上的大众传播。经过近二十年的飞速发展，到2000年底，全国共有县级以上电视台651座，县级广播电视台1272座，全国开办电视节目1068套，由于加强了基础设施建设，努力扩大覆盖面，特别是着力建设村村通广播电视工程，电视的人口覆盖率已经达到93.7%以上，电视传播的受众量远远超过了其他媒体的受众量。电视传播对我国社会的发展已经产生了深远的影响，随着社会信息化的加快，这种影响还将进一步加强。这种影响首先表现为对社会主体——人的影响。高等学校是社会的建设者和接班人的重要培养阵地，理所当然地不能也不应该成为电视媒体的盲点。

2. 创办校园电视媒体是新形势下大学生思想教育的有效途径

①校园电视系统的建成和使用,是校园文化建设中的又一个亮点,它发挥着积极的育人功能。它不仅可以丰富学生的校园生活,更重要的是培养了学生关心国际、国内大事的习惯,形成了关心国家大事、热爱祖国的校园文化氛围。

②创办学生自己的电视台。自拍节目在校园新闻资讯专栏中播出,发挥了很好的德育功能;校内报告直播、影视作品的欣赏,增加了美育的形式。

③校园文化生活的多姿多彩,已不是平面静止的报道所能充分表现的,校园电视媒体的诞生,恰恰弥补了技术上的不足。画面的联动性、现场性、真实性,使报道大大增强了感染力,也使得校园生活不再是一部分人的生活,而是全校师生可不受时间与场地的限制、共同参与的活动。

④当今的社会是一个数字网络化的时代,校园媒体应该打破校园的局限,开展校际合作,将全国所有校园电视台联网,缩短校际文化差距,达到国家所提倡的真正的开放办学,以其特有的生动性、实效性有效地促进全国的资源共享,促进全国教育早日步入新纪元。校园电视台是一个健康的、和谐的、百花齐放的、大家的各种各样的需求都能够得到满足的地方,有一句古话说得好"开卷有益",希望"开机"也能够对全国的学生有益。加强电视媒体的管理和建设,是我们校园文化建设者义不容辞的责任和义务。通过各方面的努力,依托人才和创意,不断规范工作方式、方法,不断开拓创新,不断提高工作水平,打造一个积极向上、曲调高雅、雅俗共赏的校园文化环境,增强学校师生员工的凝聚力和战斗力,提高学校的知名度和美誉度,不断增强数字化大学的可视性和直观性,为建设一个高水平的大学夯实基础。

二、网络电视媒体

现代教育教学带来了新的发展动力和新的思考方式,越来越多的人已经开始把目光投向网络电视媒介的教育应用与开发当中。在教育信息化发展和媒介融合的大背景下,构建基于校园网络电视的数字化学习环境具有重要的现实意义和研究价值。本研究试图设想:在教育教学中,是否可以利用网络电视媒体的独特优势,充分挖掘其具有的教育潜能,探索出一种切实有效的方式,以解决当前在影视学科教学中遇到的诸多问题;如何通过网络电视创造一种互动开放的学习、交流环境,从而对教师教学、学生学习起到良好的促进和支持作用。同时,通过本研究,也为我国欠发达地区开展网络电视教学进行一次有益的探索和尝试。

流媒体正成为互联网应用的主流，推动了互联网整体架构的革新，拉动了信息经济的发展，在互联网媒体传播方面起到了主导作用。在良好的校园网络环境下，先进的流媒体技术对于网络教学、视频点播、网络电视、视频会议、网络直播和网络监控等应用的开展有非常大的实用价值。

第七章　大学生人文素质拓展渠道

近年来，在教育部大力推动下，我国高校人文素质拓展教育取得了丰硕的成果。但鉴于目前我国高校尤其是高职高专院校，对开展人文素质拓展教育的方法和规律的研究还相对缺乏，高校应重视大学生人文素质教育。有一些高校取得了一些成绩。佛山职业技术学院在具体操作上，吸取传统专业教育的经验和教训，一方面注重引导和激发师生参与人文素质教育的主动性和积极性，另一方面，结合学校自身特色和时代要求，积极搭建人文素质拓展平台，开展富有自身特色的人文素质拓展活动，搭建行之有效的人文素质拓展渠道。本章将探讨大学生人文素质的拓展渠道。

第一节　举办高校名师讲坛

现代大学之"大"，既有"大师"之"大"，也有"大楼"之"大"，另外还有学科、专业向综合型方向发展之"大"。充分利用现代大学之"大"，营造校园人文素质拓展的氛围，为大学生搭建学校层面的拓展平台也非常重要。

举办高校名师讲坛是大学生人文素质拓展的第一大渠道。名师讲坛是开展人文素质拓展的重要形式之一，为大学生有效地丰富知识、增长见闻提供了文化盛宴。有研讨价值和学术水平较高、知名专家或领域里的翘楚围绕领域内问题进行的学术讲座；有社会名人，包括知名科学家、政界要人、著名高校校长等所做的演讲、讲座；有主题宽泛"自助餐式"自由的论坛或研讨式讲座，听者可以根据自己的兴趣爱好，与授课者自由地讨论交流。各界名流到校园开展讲座，既是对讲座者本人思想的传输，也让在校大学生博采众长、兼收并蓄。校园讲座作为培养时代人才的一个重要手段，能够帮助和引导大学生在知识高速增长的现代社会，超越自身学科专业的局限，形成敏锐的创新意识和较宽的创新视野。每一次名师讲坛，都能给学生带来心灵的启发，使其成为每一次知识、精神盛宴的享受者、感染者和受益者。许多高校在开展讲座活动的过程中也注重品牌的塑造，形成具有自身特色的校园文化品牌。

高校名师讲坛是传播知识、传承文明的平台，也是和谐校园文化的重要组成部分，在提升学生人文素养和促进学生全面发展方面发挥了重要作用。首先，高校名师讲坛作为创新和谐校园文化建设的载体，其本身蕴涵着学校自身深厚的文化底蕴，展现出各自校园文化的特色；同时作为优秀校园文化品牌的标识和文化交流的良好平台，发挥了启迪思维、塑造人格、弘扬先进文化、传承大学精神的作用。其次，名师讲坛也是弘扬优秀传统文化、提升人文素养的窗口，作为一个文化交流的平台，其打破了区域的界限，促进了文化的交流。在名师讲坛会上，广大师生可以与主讲嘉宾进行跨学科、跨领域的交流，并进行互动式讨论，这激发了师生的创造性思维，为广大师生打开了一扇文化窗口，开拓了师生的文化视野。再次，高校名师讲坛又是加强优秀传统文化教育的有益补充，是素质教育的开放课堂，是大学生与外界沟通交流的新平台。专家们的解读和讲解，增强了大学生学习传统文化的兴趣，有效地强化了大学生素质教育的效果。高校名师讲坛已成为大学校园中一种普遍的文化现象，其自身独特的形式在丰富校园文化生活、活跃学术氛围、提高学生人文素养、充实大学人文精神等方面发挥着积极的促进作用，其越来越受到高校领导的重视和广大师生的欢迎。较之传统的课堂教学，高校名师讲坛更具有灵活性、针对性、时代性，更能活跃学习气氛，激发学习兴趣，从而提高人才的综合素质。最后，高校名师讲坛适应时代发展的要求，创新了大学生人文素质教育的形式。其主讲内容紧跟时代步伐，目标定位符合学生需求，在启迪思维、塑造人格、弘扬先进文化、传承大学精神、提升大学生的人文素养等方面的作用日益凸显。

综上所述，高校名师讲坛在人文素质拓展教育中发挥的作用主要表现在三个方面。

第一，高校名师讲坛，丰富了大学生人文素质教育的内容，有利于提升大学生的人文素养。

我国很多职业院校的名师讲坛在创办之初就依托地域文化、校园历史传承、校园标志性景观或校训等来命名，本身就承载了一定的文化内涵，赋予了大学生人文素质教育新的内涵。针对学生的不同需要，邀请国内外著名专家、学者、社会名流前来讲学，向学生传递当今时代政治、经济、科技发展的前沿思想和研究成果，为学生分析解读世情、国情、形势政策等社会热点，与同学们一同分享历史文化、文学艺术、经济金融等人文关怀。通过一场场精彩的讲座，大学生开阔了视野，活跃了思维，增长了见识，丰富了人生感悟，激发了学习的积极性、主动性，这为学生学好专业以及今后的发展奠定了坚实的文化基础和深厚的人文底蕴。

第二，高校名师讲坛是加强大学生人文素质教育的有效途径，有利于增强大学生的社会责任感。

加强和谐校园文化建设，全面实施素质教育，促进学生健康成长和全面发展，是高校的办学追求和目标。近年来，各高职高专院校纷纷开设名师讲坛，以名师讲坛为载体，推动大学生人文素质教育，凸显了其重要的文化价值。讲座嘉宾从传统文化到现代文明、从国际形势到民族伟大复兴、从思想道德到成人成才、从哲学伦理到学术前沿……娓娓道来。他们展现出的丰富人生阅历、崇高爱国情怀、渊博学科知识、严谨治学精神，深深地感染着每位聆听者，使大学生升华了人格，提高了境界，振奋了精神，激发了爱国主义情感。高职高专院校名师讲坛不仅活跃了校园学术氛围，丰富了校园精神文化，而且也成为加强大学生人文素质教育的有效途径，培养了大学生的人文精神，增强了大学生的社会责任感。

第三，高校名师讲坛作为文化交流的平台，有利于强化大学生人文素质教育的实效。

如今社会在人才选拔上越来越重视其人文素质，而且教育界呼吁加强人文素质教育，许多大学生开始认识到人文素质对自身素质发展的重要性，并付诸行动，以提高自身的人文素质。同时，高职高专院校采取开设通识课、加强师资培训，在思想政治教育理念中强化人文素质教育、改善校园文化建设等一系列措施，使大学生人文素质教育取得了明显成效。

以佛山职业技术学院为例，学院立足于以良好的人文环境促进大学生人文素质培养，将名师讲坛作为大学生人文素质拓展的第一大渠道，为大学生人文素质拓展搭建平台，借助这一平台推进学院人文素质拓展教育，并且收效显著。我校结合专业特点，整合各类讲座，打造富有学校办学特色的讲座品牌，形成三个体系，即以社会知名人士为主体的社会名流讲坛，以知名企业家为主体的企业家讲坛，以知名校友为主体的杰出校友讲坛，每年重点打造约20期精品（大约每两周一期）；在讲座的选题方面，以在人文领域有着深刻的见解、最前沿、有思想交锋的热点社会问题为主，包括社会、政治、经济、文化、艺术等主要内容，旨在通过充分利用丰富的校内外资源，努力满足我校大学生人文素质拓展的实际需要，拓宽学生在经济、社会、科学等更多领域的视野，引导学生追求高品位文化和主流价值，营造校园传播优秀文化的氛围和良好的精神文化氛围，培养大学生的人文气息，丰富大学生的精神生活，提升大学生的精神境界，提高大学生的人文素养，为大学生人文素质拓展提供有力支撑。

第二节 修建校园文化长廊

大学文化是一所大学在传承、整理和创新知识的过程中所创造并能体现自身思想观念和价值追求的文化，是学校师生在长期的实践中逐渐形成的思想观念、心理素质、价值取向、行为准则、作风等，是具有学校个性的行为方式。它反映了学校的办学宗旨和教育思想，是师生共同创造的具有校园特色的人文环境和文化氛围。校园文化是一个学校的灵魂，是一个学校的精神之所在，对学生的道德人格、伦理观念、思维方式等都会产生深刻的影响，同时又能促进学校事业全面协调发展，增强学校创造活力，实现校园安定有序运行。因此，校园文化是社会文化体系中最活跃、极具感染力和创新潜力的亚文化。大学文化沉淀着丰厚的人文底蕴，其独有的时代性、互动性、渗透性、传承性、开放性特征，确立了其在高校育人中的特殊地位，深刻影响着大学生的人文素质教育，独特的校园文化是大学生人文素质教育的重要途径。

建设校园文化长廊是大学生人文素质拓展的第二大渠道。校园文化长廊与校园文化之间相互联系，相辅相成。一方面校园文化长廊是校园文化教育的潜在、隐性内容，是通过环境的熏陶、活动的开展，以"润物细无声"的渗透方式调动人的情感体验，达到情感的交流、沟通、净化和升华，从而为他们在政治思想方面和价值取向的选择上奠定良好的文化基础和审美根基。另一方面，校园文化长廊以育人为本职，以传承校园精神为己任，作为一种特殊的教育资源，在校园文化建设中发挥着重要的作用。

校园文化长廊能够使大学独特的校园文化外化为不同的教学理念，从而使高校不断完善大学生人文素质教育理念；校园文化长廊能够为人文素质拓展营造良好的环境氛围，为大学生人文素养的形成提供丰富的精神养料。因为大学文化积淀着一个学校的人文传统，能够在潜移默化中凝聚人心，通过环境氛围感染、熏陶大学生，使其自觉地注重良好人文素养的形成。同时，通过校园文化长廊的建设，提升校园文化的品位，起到对大学生人文精神的培养和塑造的"润物细无声"的作用，将校园文化建成特色鲜明、充满人文气息、沉淀丰厚的人文底蕴、学术空气浓郁、环境幽雅宜人的校园文化，使学生在优美的环境中启迪思想、陶冶情操，在潜移默化中提升大学生的人文素养。

校园文化长廊对校园文化的整合作用，主要体现在以下几个方面：一是以先进文化为指导，通过显性的人文环境建设来推动隐性的政治文化建设，以确保校园主流文化的地位；二是重塑大学人文精神，结合自己的历史传统和办学特色，挖掘自身独特的校园文化，建设特色鲜明的校园文化，三是精心设计校园人文景观、校园绿化、校园文化墙等等，使学生一跨入校门就能感受到校园独特的文化气息，感受到美的震撼。

校园文化长廊是校园文化最直观的反映，作为大学生人文素质教育的最丰富、最感性、最直接的载体，它标识着一所学校的学风和校风，是人文素质教育社会参与实践的重要形式，对学生人文素质的塑造和培育具有潜移默化、润物无声的作用。为切实加强校园文化建设，营造浓厚的校园文化氛围，优化、美化学校育人环境，培养和提高学生的人文素养，进一步推动和促进全校人文素质拓展教育工作，佛山职业技术学院在抓好校园环境美化和教育教学工作的同时，切实抓好校园文化长廊建设。学院于2015年9月开始进行"校园文化长廊"的深化设计及专项设计招标，经过一年的组织酝酿，于2016年6月启动建设。校园文化长廊的建设，旨在服务于校园文化建设，通过这一校园建筑传递学院人文精神，使其成为全校师生不断努力进取的文化精神动力，始终激励和鞭策每一位师生去自觉传承发扬学院人文精神；与此同时，将此建筑作为第二课堂的展示平台，为学生人文素质拓展提供依托，把校园文化长廊建设融入学校精神文明建设之中，以德育渗透为重点，突出教育特色，在思想理念、布局格调、育人功能和审美情趣方面达到和谐统一。在文化长廊的内容设计方面，倾向于展示使学生时时受感染、受启发、受激励、受教育的内容，使学生切身感受到文化之美、艺术之美，享受美的熏陶。学院希望通过校园文化长廊营造出来的这种生动、活泼、积极向上的校园文化氛围，使校园充满了浓厚的文化气息，并从不同侧面彰显我校文化的精神内涵，启迪学生的思想，陶冶学生的情操，升华学生的情感，提升学生的素养。

校园文化长廊，通俗讲就是把学校的部分文化以走廊的形式体现出来。其主题应该根据学校楼层功能来定，主要包括天文地理、经史子集、科学人文、行为养成等，关键在于符合学校、学生和时代这三个实际。好的校园文化长廊是极具传播力和渗透力的校园"墙上媒体"和"第二课堂"，能让学生真正陶冶情操、开阔视野，能熏陶学生的品性，激发学生的志向，同时也能反映一座学校的办学特色、办学高度和办学内涵，还能直观反映一个学校的眼界和胸怀，是知识、教育、艺术的有机融合体。

为了在人文素质拓展方面发挥更大的作用，校园文化长廊的建设应包括以下三个方面：校园物质文化、校园精神文化和校园制度文化。校园物质文化是校园文化的有形载体，是校园内在精神的外化，是大学形象和精神风貌的物质依托。主要包括文化雕塑、校园绿化、卫生环境等物质形态。学校在进行物质文化建设时要有统一的规划，根据学校的精神内涵明确文化主题。还要创新思想，建设文化雕塑、文化墙等标志性的文化形象。校园精神文化是学校在历史发展过程中逐步形成的,代表着学校的精神品质,是被广大师生所认同的文化,是校园文化的内核和灵魂。校园精神文化包括学校的优良传统、办学理念、人才定位、价值要求和校训、校徽、校歌等。校园精神文化的育人作用,主要通过发挥校训、校风的内聚作用,使大学生确立共同的价值取向;通过举办高品位的人文讲座,拓展大学生的人文知识,提高大学生的人文素质;通过开展高品位的系列科技文化艺术活动,形成文化品牌,引导大学生自觉参与;通过组织各种类型的人文知识竞赛,激发大学生学习人文知识的积极性等。校园制度包括学校的各类规章制度、校纪校规、行为规范和公约守则等,是学校为了实现教育目标而建立的相关制度的总称。制度文化是高校校园文化的组成部分,是维系高校正常秩序和校园文化整体发展的保障系统,是引导学生遵纪守法,养成良好行为规范的制度保证。

第三节 规范校园文化活动

大学生人文素质拓展工作应根据社会的发展和目前高校的实际情况,与时俱进的展开,这就需要政府及其有关各方不断更新观念,大力进行改革,努力探索适合新世纪需要的具有较高人文素质的复合型人才培养模式。其中颇有成效的一种方式是以校园活动为载体,不断地开展各种文化活动,将教育内容寓于各种文化活动中,使大学生在参与文化活动的过程中接受人文素质教育,拓展人文知识,净化心灵,提升境界,发展能力,提高人文素质。

一、校园文化活动的开展

规范校园文化活动是大学生人文素质拓展的第三大渠道。如何规范,则需要从学校层面和校园文化活动层面逐步展开。

(一)学校层面

首先,大学的校园文化活动实际上是最好的人文素质教育,它的多样性具有强化人文素质的导向作用。例如各种文化、体育、读书、竞赛、科技、沙龙等活动,这些活动充满着积极向上的人文精神,学校应以"贴近师生、全面受益、重点扶持、特色优先"为原则,建立融"主体性、职业性和开放性为一体"的学生文化活动体系,分门别类地完善文学艺术、体育运动、学习竞赛、大众传媒、志愿服务、思想教育、心理健康等覆盖各个领域的社团组织,扩大招收音乐、舞蹈、美术、体育、文学类特长生,充实学生社团,重点扶持有特色和优势的学生社团力创精品,丰富第二课堂,提升学生的人文素质、科技素质和职业能力。

其次，在新的历史时期、新的形势下，为了与时俱进，学校有关部门要加大力度多方面支持大学生的校园文化活动，在保证大学生优秀社团文化活动延续的情况下，对于优秀的活动项目，校方要给予积极的肯定与配合，必要时可以提供一定的资金和其他方面的支持，避免使立意非常好的社团活动因为学生力量的薄弱而搁浅，使富有人文素质教育积极意义的学生社团活动扩大规模和影响面；对于符合人文素质教育导向的好的校园文化，校方应当鼓励并协助其加强宣传力度，加大活动的参与面和辐射面，不能停留在活动的现象层面；对于社团活动的意义和价值，在宣传工作上要动脑筋、下功夫，要进行人文素质教育意义方面的深度挖掘和总结，使得好的活动取得更大的人文素质教育感召力和影响力。

再次，校方不仅要支持学生自发自主的活动，也要以校方为主体创办好活动，一般情况下，校方主办的活动的教育目标更明确、资源更多、影响力更大，甚至可以通过整合利用学生社团的人力资源，举办立意更深刻、教育目的更直接的大型校园文化活动，如文化节、校际交流、大型演出、杰出人物和优秀事迹演讲报告会、大型社会考察实践活动、大型公益活动等。这些活动的举办不仅有利于对学生进行生动的人文素质教育，还有利于丰富和提升校园文化生活的内容和品位，更可以提高大学的声望，扩大大学文化对于社会精神文明的积极影响。高校应当加强大学生实践活动的力度和深度，使大学生对实践活动的深层意义有比较全面深刻的认识，以提高广大学生参与活动的积极性。

最后，实践活动的有关组织者、领导人要提高自身的教育水平和活动组织能力，注重在活动中对参与成员的积极引导和生动教育，要率先垂范、以身作则，社会实践活动结束后，要注重积极发掘和总结本次实践活动在人文素质教育方面的深远意义，对活动教育成果进行深入宣传和充分交流，鼓励并组织以发表文章、交流讨论和报告会等形式让参与成员与未参与活动的其他同学分享自己的亲身体验和切身感悟，让下乡支教、科技服务、法律服务、志愿者活动等非常有意义和感染力的实践活动以其不可替代的生动、深刻、真实、感人的特点，获得更大的受众辐射面和人文素质教育成效。

（二）校园文化活动层面

首先，对传统的活动载体进行改进、创新，不断开发新的活动载体，进一步增强活动的人文性、趣味性，重视大学生的网络人文素质教育。积极运用现代网络技术，构建人文素质教育网络平台，建设网络人文素质教育资源库；开辟具有特色的人文知识栏目，开展历史文化图片展览、大学生人文论坛等网络化人文素质教育实践活动。其次，积极开展社团文化建设，发挥社团组织在学生自主学习、个性发展、人文素质提高方面的积极作用。加强对社团活动的指导，将人文素质教育内容渗透到社团活动中去，加大人文性、思想性文化活动的分量，提高社团的文化品位。再次，引导学生走出校园、走向社会，使其在实践中开阔眼界，拓展知识，提高人文素质。最后，大力开展以学生艺术节为主的校园文化活动，举办传统文化经典诵读比赛等活动，不断丰富学生业余生活，拓宽大学生人文素质教育渠道，用校园文化的潜移默化作用培育大学生的人文精神。

二、规范校园文化活动的五个步骤

第一，规范校园文化活动，需要从宏观的角度搭建广阔的社会平台。

服务社会是现代大学的一项重要职能，现代大学与社会联系广泛，大学应结合自身的优势学科、特色专业，在广度和深度上服务社会，社会广阔的资源也能够很好地回馈大学，使其顺利开展人文素质教育。比如，大学利用社会资源建立了若干人文素质教育基地、爱国主义教育基地、就业创业实习基地、社会实践基地等社会平台，这既是大学服务社会的窗口，也是大学生主动接触社会、自觉服务社会、发展锻炼自我的平台。大学加强与这"四大类基地"的联系，可以帮助大学生深入社会、了解社会、学习社会，使其通过社会调查、社会实践丰富社会知识、增长实践才干，提升人文素养。

第二，规范校园文化活动，需要从微观的角度搭建丰富的班级和社团平台。

班级和社团是大学最小的组织单元，但也是学生接触最多、对学生影响最大的活动平台。大学的班级、党团支部、社团组织是开展大学生人文素质教育最直接、最便捷、最有效的舞台。实践证明，一个班风优良的班级、一个旨趣健康的社团能够促进组织内的学生很好地成长。大学应该重视班级和学生社团的建设，他们应该成为学校开展人文素质教育的主阵地。为此，大学要加强班主任和社团指导教师队伍建设，指导班级和社团有计划、有目标地开展特色主题素质拓展活动，通过学校层面组织评选诸如"最佳主题班日""最佳社团"等活动，调动学生参与人文素质拓展的积极性、创造性，活跃校园文化氛围，促进学生相互交流、相互影响、共同成长。

第三，规范校园文化活动，要按照校园文化的本质要求开展文化活动。

校园文化建设的功能不仅为高校提供一种新的教育内容和教育教学活动方式，更重要的是它为实现高校育人目标提供了新的视角，校园文化的核心和实质是超功利主义的，它以文化为载体，着眼于精神建设，直接服务于大学生的全面发展。高校要对校园文化的内涵和功能有一个科学的认识，真正按照校园文化的内在要求去搞好校园文化活动，而不能简单地满足于一般的管理和服务；要调动大学生的积极性、主动性、创造性，引导大学生开展各种积极健康的文化活动，使其在潜移默化中受到熏陶，得到教育；要充分发挥大学生社团的积极作用，着力扶持理论学习型社团，热情鼓励学术科技型社团，正确引导兴趣爱好型社团，积极倡导社会公益型社团；要积极开展名校名家讲座、学术报告、高层论坛、学术沙龙等学术活动，营造浓厚的学术文化氛围，使师生感受名师的思想、人格魅力及渊博的知识，提升自身素质。

第四，规范校园文化活动，要推动网络文化建设，创新校园文化建设的载体。

随着互联网的发展和高校信息化进程的加快，大学生已经成为网络用户的重要组成部分。网络以其开放性、虚拟性、双向性，以及超大容量的信息流对广大师生的思想道德观念和行为方式产生了较大影响。可以说，网络文化建设已成为高校校园文化建设不可忽略的重要阵地。根据大学生接收信息途径发生的新变化，我们要善于运用互联网等新型媒体，构建积极健康的网络文化环境，实现潜移默化的思想政治教育。学校要建设好融思想性、知识性、趣味性、服务性于一体的校园网站，丰富校园网形式，有针对性地开办一些理论网站和健康论坛，传播优秀的校园文化内容，围绕一些重大问题进行积极引导，牢牢把握主动权，使网络成为教师与学生之间沟通的桥梁，成为校园文化建设的新阵地。此外，要引导学生遵守网络道德，树立网络法制意识，引导其自觉抵制网络垃圾的侵蚀，自觉维护网络秩序。

第五，规范校园文化活动，要搭建数字式校园文化活动平台，构建上校联动机制。

校园文化活动是校园文化中最活跃的动态因素。"微媒体"时代，建设数字式校园文化活动平台，即时、快捷、生动地传播校园文化，发布校园文化活动信息，这有助于调动师生参与活动的积极性和主动性，形成主办方与受众对象上下联动的格局。在数字式平台上，学生有了很强的主动权，不再仅仅是被动的信息接收者。学生可以使用微博参与信息发布，选择自己感兴趣的话题参与讨论，对自己感兴趣的活动加以关注。在校园文化活动日益丰富的今天，数字式的校园文化活动平台为学生提供了更为开放、自由的平台，学生通过@某人、转发、评论等功能推送信息，组织讨论，助力校园文化活动的推广。数字式校园文化活动平台拥有立体化、多层次的沟通网络，增强了校园文化活动的影响力。一方面，媒体的开放性增进了高校与外部社会之间的广泛交流，高校可以利用这一阵地，主动开辟、设置多种交互性强的栏目，通过在线交流、读者留言、微论坛等形式，拓展校园文化活动空间；另一方面，数字式平台的介入，还可实现校园文化活动线上与线下的配合、补充，在校园内广泛营造校园文化活动的开展氛围。

第四节 设计人文素质拓展的目标

高校学生的人文素质是学生在人文方面所应具有的综合品质及所达到的发展程度，从"全人"教育理念及教育的社会属性出发，我国高校学生人文素质教育的目标主要是适应学生个人发展与社会发展的双重需要。基于此，高校学生人文素质教育的目标是：通过人文知识、人文精神、人文行为教育，使学生学会自我管理、自我教育、自我服务、自我发展，成为一个具有与高校学生的年龄、身份、教育背景相匹配的人，具有与高技能人才将来从事职业活动所需具备的知识、技能与职业态度素养，成为一个爱生活、有理想、有追求、追求真理、勇于自我实现的人，达到成人、成才、成功目标，为最终成长为真正意义的德智体美劳全面发展的人奠定基础。

制定人文素质拓展目标这一措施是大学生人文素质拓展的第四大渠道。大学生人文素质拓展是一个循序渐进的过程，主要是以第二课堂开展的活动为主要抓手，紧密联系第一课堂，突出强调创新素质为基础的培养理念，围绕创新素质和能力培养，注重学生素质深度和广度拓展相结合、注重素质结构的完善、注重学生超越潜能的发挥，培养能肩负时代使命和社会责任，传承中华传统文化优良品质，具有国际化视野和社会适应能力的复合型人才，逐步拓展培养模式；充分挖掘大学一、二课堂对接的实践教学课程的教育功能，在思想教育、职业指导、心理健康教育、专业教育等方面融入人文素质教育内容，逐步建设以案例教学、实践教学、模块化建设为特色的素质拓展教学模式；努力开发素质拓展实施路径，建设以传统文化传承和现代文化建设为重点和核心的素质拓展训练模式。因此，以目标为导向设计人文素质拓展的项目，对于实现大学生的全面发展和成长成才具有重要作用。

首先，设计大学生人文素质拓展的目标需要完善大学生人文素质拓展体系的构建，让学生主体经历不断学习、养成、体验、创新的四位一体过程。

①开展大学生素质拓展教育，拓宽其知识面，使其全面发展。它是体系构建的基础和起点，是大学生主体完善知识结构、保证自身整体全面和谐发展的过程。大学生素质拓展教育首先是教会学生学习、完善知识结构的知识教育、学习教育。这种学习教育不是狭隘的专业知识学习，而是促进学生不断拓宽知识面、全面提高综合素质的博雅教育、通识教育。校园文化活动的

开展，如读书节、人文科技讲座、创业教育、心理健康教育、职业生涯规划教育等多样化的活动，拓宽了学生的知识面，弥补了课堂教学中的不足。

②规范养成教育融通道德，坚定信念。它是在承接学习阶段的基础上，通过各种手段在日常学习、工作和生活中，提高大学生各方面素质，促进其养成良好的道德品质和行为习惯的过程。作为大学生必须接受的基本教育，养成教育是在学习教育的基础上致力于全面提高大学生知、情、信、行等素质内化的教育，是提高大学生的身体素质、智能素质、道德素质、心理素质等最基本的素质教育，是培养大学生形成自觉遵守社会主义道德行为和习惯，以更好地融入社会的教育。大学生作为社会存在的个体要掌握行为规范、养成良好习惯必须通过社会交往、社会实践活动等实现。大学生主动参与丰富多彩的校园文化活动，不断发现问题、解决问题，提高自己分辨善恶是非、自觉砥砺品行、不断完善自我的能力，从而坚定理想信念，树立正确的世界观、人生观、价值观。

③丰富体验教育，践行内化，知行统一。它是大学生通过充分参与和体验各种社会实践，提升综合能力、促进个性发展，是大学生将学习的知识、养成的道德品质等转化成社会实践、实现创新的中间环节。在学习教育、养成教育的基础上，大学生素质拓展教育需要引导学生走向体验教育。它是学生在教师的启发和指导下，通过参与特定的情境训练和实践活动，进行情绪管理、发展自立能力、发现和解决问题，从而践行内化养成教育，保持知行统一。大学生通过亲身参与实践活动、主动体验具体情境，改造主观世界，提升自身的思想境界和人格品位。校园文化活动营造各种训练情境、举办相关的主题活动，有助于丰富大学生体验教育，拓展大学生的综合素质。作为大学校园常见的校园文化活动，各种各样的主题教育实践活动可以让学生进行自我教育和自我改造。

④立足创新教育，建功立业，推陈出新。大学生素质拓展教育的目标就是要塑造和培养大学生创新思维和创新能力。大学生的全面发展不仅包括学生德智体美劳等人格的养成和技能的培养，更重要的是对大学生创新创造实践能力的塑造。大学生素质拓展教育的立足点和目标是把大学生培养成为创新型人才。高校校园文化活动，特别是各种社会实践活动、创新创业设计大赛、挑战杯大赛、全国大学生机器人大赛、全国电子科技大赛等能有效调动学生创新创业兴趣，激发学生创造性思维，对培养既懂理论又会技术兼能创新的综合型创新人才有着重要意义。

其次，设计大学生人文素质拓展的目标需要完善大学生人文素质拓展项目的实施目标。

①以培养合格接班人为目标设计人文素质拓展项目,即把人文素质教育与思想政治教育有机融合。我国大学的核心任务就是为社会主义国家培养合格的建设者和接班人,因此我们的人文素质教育要融合到思想政治教育之中,围绕社会主义核心价值体系,结合学校的专业特色、行业特色,开展爱国、爱党、爱校教育,抓住国庆、建党日、大学精神等重大主题开展教育活动。旨在培养学生的责任感和未来的使命感,培养他们对国家、民族的自豪感,使其具备能够承担更大责任的能力。

②以提升大学生适应未来社会的竞争力为目标设计人文素质拓展项目,即实施职业训练计划。大学生择业和就业的可持续发展能力及素质是当代大学生必须具备的能力和素质。大学通过开展全程化、多路径职业发展训练、辅导,拓展学生就业和职业发展的可持续能力,这是个体终身受益的能力和素质,影响其一生的发展。对高校来说,开展职业指导不仅仅是面向学生开设一门或若干门就业指导的课程,而是对学生进行职业教育和职业生涯规划的系统工程,它应该成为高校人才培养的重要组成部分。当下,大学开设的就业或职业指导课程,内容相对单一,一般仅局限在择业的技巧和方法的指导上,很少从人的素质提升层面考虑。比如可以考虑加强就业指导的模块化建设,增设创业教育、职业与历史、职业与文化等模块,通过开展职业训练活动(如模拟面试、职业规划比赛、就业实习等)提升学生择业技巧能力,也要引导学生了解职业的文化内涵和择业的伦理操守,这将有利于他们从学生到职业人身份的顺利转变。

③以提升学生创新能力为目标设计人文素质拓展项目,即实施创新创业训练计划。创新是一个国家、一个民族乃至个体发展的灵魂。创新和创业相联系,一方面创新能够促进创业,另一方面创业能够为创新提供物质基础。在大学阶段,培养学生的创新创业能力,要将这种能力融合到学生的基本素质之中,使其成为大学生自身知识体系中的一个不可或缺的部分。大学通过开展创新创业实践、营造创新创业氛围、培育创新创业精神,发现和培养一批未来产业的经营者。

④以培养未来事业的接班人为目标设计人文素质拓展项目,即实施领导力提升计划。大学的核心任务就是"育人",既要育建设国家的各类专业人才,也要育促使这个国家走向繁荣富强的领导人才。我国大学是社会主义国家的大学,大学培养的人才能不能在意识形态上接受马克思主义,这关系到"举什么旗,走什么路"的重大问题。因此,要把马克思主义中国化深入到中国文化的各个领域,把中国特色社会主义理论体系根植于大学思想政治教育和人文素质教育之中,使之成为国民素质教育的重要组成部分,引导更多的青

年才俊信仰马克思主义。实施领导力提升计划，主要是在高校中深入推进"青年马克思主义工程"、学生干部领导力提升活动，加强各级学生组织、学生社团的建设等，训练和提升学生的领导力，培养学生中的管理精英，促进学生全面发展。

第五节 建立科学的考评机制

人文素质拓展教育最核心的部分应当是引导与评价。引导是指学校通过制度设计，激发大学生自觉选修人文课程，主动参与社会实践和课外自修，积极投身校园文化活动，把外部的被动压力变为自身主动的选择，努力提高自身的人文素质和思想品格。评价是学校通过素质档案建设，记录学生素质发展的进程，认证学生的人文素质成果，并给予相应的褒奖和荣誉。因为只有积极的引导和客观的评价，再加上社会的认同，大学生在追求人文素质养成的过程中才有动力。

建立科学的考评机制是大学生人文素质拓展的第五大渠道。构建科学的人文素质拓展教育考核评价体系，是高校学生人文素质拓展教育的关键所在。完善的人文素质拓展教育考核评价体系有利于构建人文素质培养模式，有利于学生知识、素质、能力的全面协调发展，对进一步更新教育思想、转变教育观念、拓宽教育渠道、深化教学内容和教学改革、提高教育质量和教育效果具有巨大的推动作用。

第一，建立科学的考评机制，需要确立人文素质教育考核评价标准和方法。

制定科学的、可操作的人文素质拓展教育考核评价标准，针对每一项评价内容制定评价标准，这个标准应结合有关教育文件、学校实际和同院校的标杆做法来制定。它应该是具体的、可操作的，并且是有层次的，如达标标准、优秀标准、示范标准。确立科学的人文素质拓展教育评价方法，主要是"定量评价"与"定性评价"相结合，并非所有的项目都能量化测评，因此应当将两种评价方法有机结合，在定量分析中合理运用定性方法，使量化指标的含义更清晰。具体方法包括查阅相关档案材料，召开相关领导、教师、学生座谈会，实地考察、个别访谈，设计调查问卷并对调查结果进行科学统计与分析等。

第二，建立科学的考评机制，需要构建完善的人文素质拓展教育考核评价内容。

高校人文素质拓展教育评价内容应包括三个方面：高校人文素质拓展教

育的运行机制的评价；高校人文素质拓展教育的课程体系的评价；高校人文素质拓展教育的校园文化环境的评价。对高校人文素质拓展教育运行机制的评价主要是评价人文素质拓展教育的组织和落实情况，评价内容包括是否有组织领导、是否有工作机制、是否有经费保障、是否有考核等；对高校人文素质拓展教育的课程体系评价，评价内容主要包括课程内容是否涵盖人文素质拓展课程，以及人文素质拓展课程的开设学时、方法、学生人数，人文素质拓展课程在全部课程中所处的位置等；对高校人文素质拓展教育的校园文化环境的评价，该评价体系所评价的内容主要包括完善健全的学校规章制度、先进的办学理念、健康的校风、校训、良好的周边环境，净化、绿化、美化的校内环境等。这是因为校园文化环境由学校硬件设施环境所包含的文化形态和校园软件设施所蕴含的文化氛围共同组成。

第三，建立科学的考评机制，需要提供多维度的考评表标准。

素质这东西看不见、摸不着，当同学们参与了一系列的人文素质拓展项目后，成效如何，人文素养提高了多少，比较难有一个确切的考核评价。怎么对大学生的人文素质拓展进行科学有效的考评，这既是一个难点，也是一个导向。因此，应建立多维度的考评标准。人文素质拓展具有一定的特殊性，有些高等院校将人文素质分为"德育""智育""技能""创新能力""组织活动能力""人际交往与心理健康"六个方面，在进行考核时，分别赋予其不同分值并进行量化测评。人文素质拓展考评的形式要多样化，多维度，可以采用小论文，也可以采用调研报告，还可以采用学生的获奖作品等各种方式。在学生毕业时，部分高校按照学生的测评总成绩发放高校学生人文素质养成证书。

第四，建立科学的考评机制，需要考评学生日常表现。

学生的日常行为表现往往能准确体现学生的人文素质修养，特别是一些细小的事情，反而成为衡量学生人文素养高低的重要标志。因此人文素质拓展教育考评要特别注重学生的日常表现，不但注重课堂表现、作业表现，还要注重学生互评，其表现结果将成为对学生综合测评的重要依据，并要将考评结果及时反馈给学生，征求学生自身的意见，从而达到沟通思想的效果，使学生能够"自我认识""自我反省"。

第五，建立科学的考评机制，需要打造学分认证平台。

学分是教学环节计量的单位和手段，学生是素质拓展工作的主体，应将大学生素质拓展作为活动课程纳入学校的人才培养方案，以学分制形式推进素质拓展活动的实施。建立一个科学、准确、客观的考核评价体系，充分调动学生参与活动的积极性，使学生认识到素质拓展的重要性，提升其自我提升的主动意识。

　　学生参与人文素质拓展活动得到相关机构认证之后可以给予相应学分，通过素质拓展学分认证网络平台，记录学生参与融入素质拓展的第二课堂活动的时间、次数、形式、内容和学分。素质拓展考核认证过程中，要依据素质拓展活动不同的级别、内容和效果设置不同的学分。学分认证网络平台要基于高校的办公自动化平台建设实现网络管理化，通过整合，与高校网络办公系统、高校通讯宣传平台对接，有利于学生学分管理科学化和活动开展便捷化，遵循主办者负责认证的原则，如团委主办的素质拓展活动由团委负责。素质拓展学分认证网络平台可以包括系统管理模块、素质拓展模块、网站管理模块、系统维护模块，实施学分预警机制，这样学生就可以时刻掌握自己的学分情况，把握学校开设素质拓展活动的内容、形式和时间，学生通过活动积累一定的学分，最终获得高校颁发的素质拓展证书。学分认证网络平台有利于素质拓展学分认证过程规范化和精细化，可以有效地进行素质拓展活动信息化统计，监控学生参与素质拓展训练活动的现状，了解学生对具体拓展项目活动的偏爱程度；同时可以激发学生参与素质拓展的热情，激励学生积极参与社会实践活动、文艺活动、体育活动、社团活动等第二课堂活动，通过参与提升其人文素养。

　　①打造学分认证平台，实现管理信息化。为减少师生在素质拓展管理上的时间和精力，更好地实施大学生素质拓展计划，规范开展素质拓展活动，确保活动项目的发布、报名、组织、认证等管理工作高效有序，需加强信息化建设，研发并推出一套大学生素质拓展网络管理系统，保证良好的交互性、时代性和开放性，增加工作透明度，提高素质拓展活动的质量和效率。

　　②打造学分认证平台，编订《大学生素质拓展指导手册》（以下简称《指导手册》）和《大学生素质拓展认证手册》（以下简称《认证手册》）。《指导手册》让大学生素质拓展计划有"教学大纲"和"教材"，引导学生积极投身素质拓展计划，有助于学生分阶段、分类别、分层次选择有利于拓展自身素质的项目，确保质量和效果；《认证手册》采用以过程记录为主的方式，用于记录学生在素质培养和发展过程中的重要经历和取得的主要成就，为社会认同大学生素质拓展训练过程而提供凭证和参考。

　　③打造学分认证平台，需要协调多方力量。大学生素质拓展计划的实施是一项庞大的工程，需要一个强有力的组织体系保证，仅仅靠团组织的力量远远不够。学院学生素质拓展组织机构应由院、系、班三级组成，分别负责素质拓展工作的指导、规划、实施和学分认证。完善三级联动组织体系，形成强大合力，对素质拓展工作进行统筹协调，确保素质拓展组织管理工作的

规范化。展实施过程中的一些特殊情况，实现大学生素质拓展结构的科学化。

④打造学分认证平台，实行分级打分。按照分层规划、分级设计的原则，每年统一规定全院素质拓展活动，根据学院办学实际、人才培养要求、学生成长发展规律，按照团中央、教育部等的规定，把素质拓展项目划分为六大模块：思想政治与道德素养模块、社会实践与志愿服务模块、学术科技与创新创业模块、文化艺术与身心发展模块、社团活动与社会工作模块和技能培养模块。将素质拓展活动分为国家级、省级、市级、院级、系级五个级别。同类别下一级活动的分值原则上不能高于上一级，同一个活动不重复计分，逐级选拔的活动只计最高分。将素质拓展学分纳入人才培养方案，与学生学历、学位相挂钩，实现素质拓展活动项目化管理、课程化考核。

参考文献

[1] 艾伦·布卢姆. 美国精神的封闭 [M]. 战旭英, 译. 南京: 译林出版社, 2011.

[2] 卡尔·雅斯贝尔斯. 大学之理念 [M]. 邱立波, 译. 上海: 上海人民出版社, 2007.

[3] 怀特海. 教育的目的 [M]. 庄莲平, 等译. 上海: 文汇出版社, 2012.

[4] 边涛, 吴玉红. 创造性思维 [M]. 北京: 中国物资出版社, 2005.

[5] 何向东. 逻辑学教程 [M]. 北京: 高等教育出版社, 2004.

[6] 黄河浪. 成功潜能开发核心教程: 创造 [M]. 海口: 海南出版社, 2001.

[7] 黄晋太. 创新教育与创新人才培养 [M]. 北京: 红旗出版社, 2002.

[8] 李世海, 高兆宏, 张晓宣. 创新教育新探 [M]. 北京: 社会科学文献出版社, 2005.

[9] 梁良良. 创新思维训练 [M]. 北京: 中央编译出版社, 2004.

[10] 林崇德. 教育与发展——创造人才的心理学整合研究 [M]. 北京: 北京师范大学出版社, 2004.

[11] 罗楠. 批判性思维 [M]. 山西: 山西人民出版社, 2004.

[12] 彭自强. 中国哲学史教程 [M]. 重庆: 西南大学出版社, 2004.

[13] 唐晓嘉, 涂德辉. 逻辑学导论 [M]. 重庆: 西南大学出版社, 2004.

[14] 易杰雄. 论创新 [M]. 合肥: 安徽文艺出版社, 2000.

[15] 张蓁. 创造心理探秘 [M]. 合肥: 安徽教育出版社, 1991.

[16] 赵家骥. 创新教育论纲 [M]. 成都: 四川教育出版社, 2005.

[17] 赵明华. 创意学教程 [M]. 兰州: 西北工业大学出版社, 2004.

[18] 周峰. 素质教育: 理论·操作·经验 [M]. 广州: 广东人民出版社, 1998.

[19] 中国科学技术协会发展研究中心. 创造和创新思维及方法 [M]. 北京: 中国科学技术出版社, 2007.

[20] 北京京北职业技术学院. 创新能力培训教程 [M]. 北京：中国商务出版社，2004.

[21] 郅庭瑾. 教会学生思维 [M]. 北京：教育科学出版社，2001.

[22] 杨德，刘云虎. 创新教育教程 [M]. 北京：中国统计出版社，1999.

[23] 曹蓉蓉，吴毅. 创新意识与能力 [M]. 北京：中国铁道出版社，2000.

[24] 刘丹. 大学生创新教育读本 [M]. 苏州：苏州大学出版社，2003.

[25] 赵家骥. 创造教育论纲 [M]. 四川：四川教育出版社，2005.

[26] 李满苗，张和仕. 创新教育论 [M]. 南昌：江西教育出版社，2001.

[27] 尤·鲍列夫. 美学 [M]. 上海：上海译文出版社，1988.

[28] 李泽厚. 李泽厚哲学美学文选 [M]. 湖南人民出版社，1995.

[29] 腾守尧. 审美心理描述 [M]. 北京：中国社会科学出版社，1985.

[30] 火卫·贝斯特. 艺术·情感·理性 [M]. 北京：工人出版社，1988.

[31] 迈克尔·马克. 当代音乐教育 [M]. 管建华，乔小冬，译. 北京：文化艺术出版社，1991.

[32] 齐易，张文川. 音乐艺术教育 [M]. 北京：人民出版社，2002.

[33] 马丁·约翰逊. 艺术与科学思维 [M]. 傅尚逵，刘子文，译. 北京：工人出版社，1988.

[34] 杨立军，韩晓玲. 什么影响了大学生的教育收获——基于校内追踪的实证研究 [J]. 复旦教育论坛，2014（6）.

[35] 刘献君. 论"以学生为中心" [J]. 高等教育研究，2012（8）.

[36] 李敏. 我国高校书院制育人模式改革现状及背景 [J]. 领导科学论坛，2014（13）.

[37] 牛玉全. 汕头大学推广"住宿学院"管理模式 [J]. 教育与职业，2009（19）.

[38] 田建荣. 现代大学实行书院制的思考 [J]. 江苏高教，2013（1）.

[39] 徐德龙，潘中伟，刘永强等. 试行书院学院学科制探索素质教育的新模式 [J]. 中国高教研究，2003（1）.

[40] 戴伟芬，孙宗禹. 试析闲暇视野下大学生创新能力的培养 [J]. 高等教育研究学报，2007（3）.

[41] 何春歧，薛宝林. 充分发挥"两课"教学在培养大学生创新思维方面的重要作用 [J]. 思想理论教育导刊，2004（5）.

[42] 李春生. 美国和俄罗斯关于创新教育的研究 [J]. 比较教育研究，2002（11）.

[43] 刘宝存. 创新人才理念的国际比较 [J]. 比较教育研究，2003（5）.

[44] 刘宗安. 论大学生创新能力的培养 [J]. 高等教育研究，2006（1）.

[45] 卢春妹，冯达成. 论大学生创新思维能力的培养 [J]. 创新，2007（4）.

[46] 孙波，杨欣虎. 大学生创新素质培养的评价体系研究 [J]. 中国青年研究，2007（1）.

[47] 邬移生. 对熊彼特创新理论的解读 [J]. 现代企业教育，2008（12）.

[48] 徐春明. 培养大学生创新素质的思考 [J]. 国家教育行政学院学报，2007（9）.

[49] 张达. 大学生参与科学研究是培养科学思维和创新能力的重要途径——以美国南加利福尼亚大学为例 [J]. 中国地质教育，2006（4）.

[50] 张庆林. 人类思维心理机制的新探索 [J]. 西南师范大学学报（人文社会科学版），2000（6）.

[51] 朱红恒. 熊彼特的创新理论及启示 [J]. 社会科学家，2005（1）.

[52] 朱淑珍. 开启创新活动的理性之门——熊彼特创新理论及其评价 [J]. 党政论坛，2002（9）.

[53] 陈选勇. "立德树人"视角下的大学文化建设研究 [D]. 昆明：云南师范大学，2015.

[54] 罗圣淮. 论大学生创造能力培养 [D]. 南昌：南昌大学，2006.

[55] 王小凤. 大学生创新思维加工策略的实验研究 [D]. 长沙：湖南师范大学，2007.